Augstein, Dönhoff, Nannen & Co

Auf den Spuren des Erfolgs einer Journalistengeneration

von

Isabell Schreml

Tectum Verlag
Marburg 2003

Schreml, Isabell:
Augstein, Dönhoff, Nannen & Co.
Auf den Spuren des Erfolgs einer Journalistengeneration.
/ von Isabell Schreml
- Marburg : Tectum Verlag, 2003
ISBN 978-3-8288-8572-1

© Tectum Verlag

Tectum Verlag
Marburg 2003

Inhaltsverzeichnis

1. Einleitung 5

2. Die Persönlichkeit des Journalisten in der Journalismusforschung 7

2.1 Integrale Journalismusforschung:
Der Versuch, Individuum und System zu versöhnen 7

2.2 Der kollektivbiographische Ansatz 10

3. Wann ist ein Journalist „gut"?: Das Problem der journalistischen Qualität 13

3.1 Stand und Probleme der Qualitätsforschung 14

3.2 *Den* Maßstab gibt es nicht: Der Journalist als einer von vielen 16

3.3 Handwerksregeln als Basis 19

3.4 Professionalisierung als Lösung? 21

4. Deutscher Journalismus seit 1945 25

4.1 Rahmenbedingungen 25
4.1.1 Frühe Prägungen 25
4.1.2 Der gesetzliche Rahmen 26
4.1.3 Wer ist ein Journalist? 28

4.2 Nach der „Stunde Null": Lizenzpolitik, vergebliche Absichten, „Vergangenheitsbewältigung" 29

4.3. Die sechziger Jahre: Politisierung von Gesellschaft und Journalismus 33
4.3.1 Die „Spiegel"-Affäre 34
4.3.2 Die 68er Bewegung 35
4.3.3 Ost-West-Politik 37

4.4 Die siebziger Jahre: Privatismus und Professionalisierung 38

4.5 Die achtziger Jahre und neunziger Jahre: Kommerzialisierung, Wiedervereinigung, ungewisse Zukunft 39

4.6 Frauen im Journalismus 40

5. ANLAGE UND METHODISCHE DURCHFÜHRUNG DER UNTERSUCHUNG   43

5.1   Die Inhaltsanalyse   43

5.2   Das Untersuchungsmaterial   46
5.2.1   Portraits der ausgewählten Journalisten   47
5.2.2   Zeitlicher Rahmen und Auswahl   62

5.3   Übersetzung des Erkenntnisinteresses in Forschungsfragen   63

5.4   Die Forschungsfragen   64

6. DIE ERGEBNISSE   67

6.1   Einige Zahlen im Überblick   67

6.2   Die einzelnen Journalisten   71
6.2.1   Rudolf Augstein – „Don Quichotte gegen Windmühlen"   72
6.2.2   Marion Gräfin Dönhoff – „Dinner for one"   76
6.2.3   Günter Gaus – „Der Außenseiter"   79
6.2.4   Sebastian Haffner – „Kein Sex-Appeal in der Feder"   81
6.2.5   Claus Jacobi – „Einer, der den Erfolg garantierte"   85
6.2.6   Erich Kuby – „Bewaffnet mit einer Schreibmaschine"   86
6.2.7   Henri Nannen – „Sonnenkönig über dem Stern"   88
6.2.8   Gerd Ruge – „Ein Überbleibsel"   93
6.2.9   Carola Stern – „Eine Oase der Ehrlichkeit"   96
6.2.10   Peter von Zahn – „Ein Meister des Wortes"   98

6.3   Zusammenfassung: Was macht „große" Journalisten „groß"?   101

7. FAZIT UND AUSBLICK   109

8. ARTIKELÜBERSICHT   111

9. LITERATUR   119

ANHANG   129

1. Einleitung

„Henri, unsere Zeit als Blattmacher ist vorbei," rief Rudolf Augstein seinem Freund und Kollegen Henri Nannen zu dessen Beerdigung im Herbst 1996 nach. Die „Medienpioniere" von einst sterben allmählich aus – höchste Zeit ihnen eine Diplomarbeit zu widmen. Diese Arbeit soll aber mehr sein als eine Aneinanderreihung zweifellos bemerkenswerter Lebensläufe, mehr als eine nacherzählte Geschichte vom Genie und Machtwillen derer, die den Journalismus in den Jahrzehnten nach Ende des Zweiten Weltkriegs prägten. Es soll ein Versuch sein, Erklärungen für den Erfolg einer Journalistengeneration zu finden und auf Bedingungen hinzuweisen, unter denen „großer" Journalismus erst entstehen kann. In Zeiten, in denen das Ende des Journalismus prophezeit wird, lohnt vielleicht ein Rückblick, um auch die Gegenwart besser verstehen zu können und Impulse für die Zukunft zu geben.

Um diesen Bogen von der Vergangenheit über die Gegenwart in die Zukunft schlagen zu können, wurde ein ungewöhnlicher Weg gewählt: Gegenstand der Untersuchung sind Presseartikel, die über zehn ausgewählte Journalisten anläßlich eines Geburtstags oder Todestags, einer Preisverleihung oder ähnlichem erschienen sind. Eine Inhaltsanalyse soll näher beleuchten, welche Gründe die Medien für den Erfolg der Journalisten verantwortlich machen bzw. wie deren Persönlichkeit, Arbeit und Rolle im Journalismus und in der Gesellschaft bewertet werden. Im Laufe der Jahre schrieben diese Journalisten nicht nur ihre persönliche Erfolgsstory, sondern ein Stück bundesrepublikanischer Geschichte und legten damit zusammen mit anderen den Grundstein für die Gesellschaft und den Journalismus von heute.

Rudolf Augstein und Henri Nannen dürfen nicht fehlen, die mit „Spiegel" und „Stern" zwei Säulen der deutschen Presselandschaft geschaffen haben und in vielen politischen Debatten tonangebend waren. Marion Gräfin Dönhoff, „die große alte Dame des Journalismus", und Carola Stern, die in den 50ern aus der DDR nach Westdeutschland geflohen ist, vertreten das weibliche Geschlecht. Beide haben gezeigt, wie man sich als Frau durch Engagement und Hartnäckigkeit in einer Männerdomäne behauptet. Gerd Ruge und Peter von Zahn haben den Deutschen nach dem Krieg die Welt jenseits der Grenzen gezeigt. Ruge als erster ständiger Rundfunkkorrespondent in der UdSSR, Peter von Zahn als erster Auslandskorrespondent in den USA. Mit seinen Bildern aus der „Neuen Welt" machte er den Deutschen neue Hoffnung. Mit Günter Gaus und Sebastian Haffner werden zwei Grenzgänger in die Analyse einbezogen: Günter Gaus – berühmt durch seine Politikerinterviews – war einige Zeit selbst als Ständiger Vertreter der BRD in der DDR politisch tätig und Sebastian Haffner widmete sich in zunehmendem Maße historischen Betrachtungen. Zwei Journalisten, die immer wieder die Redaktionen wechselten, wenn sie sich mit der jeweiligen politischen Linie nicht mehr arrangieren wollten, vervollständigen die Auswahl: Claus Jacobi und Erich Kuby. Diese zehn Journalisten sollen exemplarisch den Journalismus vom Ende des Zweiten Weltkrieges bis in die Gegenwart hinein repräsentieren – ohne den Anspruch auf Vollständigkeit erfüllen zu wollen.

Aufgrund der komplexen Thematik werden die theoretischen Grundlagen nur knapp abgehandelt, während die Vorstellung der Analyse und der daraus resultierenden Ergebnisse dominieren. Da sich das Thema der Arbeit stark an einzelnen Journalisten orientiert, wird zunächst aufgezeigt, welchen Stellenwert die Journalismusforschung dem Individuum zugesteht und wie sich die vorliegende Arbeit in die Forschungsansätze einordnen läßt. Mit dem Problem, guten Journalismus zu definieren, beschäftigt sich Kapitel 3. Es werden Modelle vorgestellt, die journalistische Qualität von mehreren Faktoren abhängig machen und für diese Arbeit von Bedeutung sind. Inwieweit das Beherrschen von Handwerksregeln und die zunehmende Professionalisierung die journalistische Qualität beeinflussen, wird ebenfalls diskutiert. Das 4. Kapitel bietet einen Überblick über die Rahmenbedingungen des deutschen Journalismus und die rechtlichen Grundlagen. Gesellschaftspolitische Entwicklungen, die in der Berichterstattung eine Rolle spielen, werden kurz skizziert. An die Vorstellung der Methode schließen sich die Ergebnisse der Inhaltsanalyse an: zunächst für jeden einzelnen Journalisten und dann in der Zusammenfassung. Fazit und Ausblick schließen die Arbeit ab.

2. DIE PERSÖNLICHKEIT DES JOURNALISTEN IN DER JOURNALISMUSFORSCHUNG

Da die vorliegende Arbeit der Versuch ist, aufgrund der Berichterstattung in der Presse Leben und Arbeit ausgewählter Journalisten zu beschreiben und dadurch die Gründe für deren Erfolg näher zu bestimmen, läßt sie sich zumindest dem Erkenntnisinteresse nach in die Journalismus- bzw. Berufsforschung einordnen. In diesem Kapitel wird ein Überblick gegeben über die Entwicklung der Journalismusforschung von persönlichkeitsorientierten Ansätzen aus über die Systemtheorie hin zur sogenannten integralen Journalismusforschung, die den Journalisten im System betrachtet, wie es auch Anliegen dieser Arbeit ist. Da vom einzelnen Journalisten aus auf die Gründe des Erfolgs einer ganzen Generation geschlossen werden soll, lehnt sich die Arbeit an die Methode der Kollektivbiographie an, die ebenfalls kurz beschrieben wird.

2.1 Integrale Journalismusforschung: Der Versuch, Individuum und System zu versöhnen

Die Journalismusforschung in Deutschland ging zunächst von persönlichkeitsorientierten Ansätzen aus. Ein enger Bezug zu einzelnen journalistischen Persönlichkeiten prägte in den 1920er und 30er Jahren zunächst die Zeitungswissenschaft und in den 50er und 60er Jahren die Publizistikwissenschaft.[1] Für Emil Dovifat hing der Erfolg einer journalistischen Arbeit nicht von redaktionellen Strukturen, sondern von der Begabung der journalistischen Persönlichkeit ab.[2] Ihn interessierte das „Lebenswagnis und Lebensopfer bedeutender publizistischer Persönlichkeiten"[3]. „Eine radikale

---

[1] Vgl. Neverla, Irene: Die verspätete Profession. Journalismus zwischen Berufskultur und Digitalisierung. In: Duchkowitsch, Wolfgang / Hausjell, Fritz / Hömberg, Walter / Kutsch, Arnulf / Neverla, Irene (Hrsg.): Journalismus als Kultur. Analysen und Essays. Opladen, Wiesbaden, S. 54
[2] Vgl. Dovifat, Emil: Die publizistische Persönlichkeit. Berlin 1990, S. 64-74
[3] Dovifat, Emil: Handbuch der Publizistik. Band 1: Allgemeine Publizistik. Berlin 1968, S. 51

Verengung der Analyse,"[4] urteilte Wolfgang R. Langenbucher Mitte der siebziger Jahre. Mängel der normativ-ontolgischen Publizistikwissenschaft werden allgemein darin gesehen, daß strukturelle Faktoren ausgeblendet werden, das System Journalismus auf die Handlungen einzelner Journalisten verkürzt und somit der Journalismus als Ganzes nicht erfaßt wird.[5]

Ab den 70er Jahren wandte sich somit die Forschung den übergeordneten Systemen des Kommunikationsprozesses zu, das Individuum verlor mehr und mehr an Bedeutung. Die Sozialisationsbedingungen und Sozialisationsstrukturen der Medien wurden näher betrachtet, die Systemtheorie hielt Einzug in die Kommunikationswissenschaft.[6] Manfred Rühl, der die Systemtheorie aus den Sozialwissenschaften als erster für die deutsche Kommunikationswissenschaft adaptiert hat, führte fortan journalistisches Handeln nicht mehr auf individuelle Entscheidungsmotive zurück, sondern rückte dafür generalisierte journalistische Berufsrollen und Entscheidungsprogramme sowie Erwartungsstrukturen innerhalb der Redaktionen in den Mittelpunkt der Forschungen.[7]

Wenn Ulrich Saxer und Heinz Kull als Schwerpunkte der Journalismusforschung Quellen-, Gatekeeper-, Produktions-, Berufs-, und Organisationsforschung nennen, läßt sich aus dieser Aufzählung auch die chronologische Entwicklung weg von einer persönlichkeitszentrierten Orientierung hin zu einer Analyse der sozialen Beziehungen ablesen.[8] Am Ende dieser Kette steht für Saxer und Kull die integrale Journalismusforschung: Das Individuum wird im sozialen System betrachtet, Systemtheorie und Persönlichkeitsansatz werden gleichermaßen in die Forschung mit einbezogen: „Das

---

[4] Langenbucher, Wolfgang R.: Kommunikation als Beruf. Ansätze und Konsequenzen kommunikationswissenschaftlicher Berufsforschung. In: Publizistik, 19. / 20. Jahrgang 1974 / 75, Heft 3-4 / 1-2, S. 256

[5] Vgl. Weischenberg, Siegfried / Löffelholz, Martin / Scholl, Armin: Journalismus in Deutschland. Design und erste Befunde der Kommunikatorstudie. In: Media Perspektiven. Jahrgang 1993, Heft 1, S. 23

[6] Vgl. Wallisch, Gianluca: Journalistische Qualität. Definitionen – Modelle – Kritik. Konstanz 1995, S. 16

[7] Vgl. Hohlfeld, Ralf: Systemtheorie für Journalisten. Ein Vademekum. Eichstätter Materialien zur Journalistik 12, Eichstätt 1999, S. 21

[8] Vgl. Saxer, Ulrich / Kull, Heinz: Publizistische Qualität und journalistische Ausbildung, Zürich 1981, S. 2f

Individuum, das in eine Kommunikatororganisation eintritt, bringt außer seiner bereits vorhandenen Kompetenz auch seine Persönlichkeitsmerkmale in diese ein und wird in ihr mit einer vielfältigen Gesamtstruktur bereits etablierter Berufsroutinen und Mentalitäten konfrontiert, die sich deren Träger in Auseinandersetzung mit den technischen und sozialen Erfordernissen des Betriebes angeeignet haben."[9]

Saxer und Kull stufen diesen Ansatz als relativ praxisrelevant ein, da er weder die Persönlichkeit des Journalisten, noch die Interdependenzen des Systems Journalismus ausgrenzt.[10] Die journalistische Berufspraxis, die größtenteils von einem persönlichkeitsbezogenem Berufsverständnis geprägt ist, ignorierte den Systemansatz, der in der Wissenschaft eine Art Revolution darstellte, fast vollständig. Mithilfe der integralen Journalismusforschung könnten Praktiker mit der wissenschaftlichen Systemtheorie versöhnt werden. Saxer und Kull bedauern, daß die einzelne Persönlichkeit in der Betrachtungsweise der Systemtheoretiker in den Hintergrund und damit in die Bedeutungslosigkeit gerückt ist: „Dieser weiterhin dominante Persönlichkeitsaspekt im Journalismus sollte z. B. nicht irgendeinem soziologischen und systemtheoretischen Reduktionismus völlig zum Opfer fallen. Postuliert wird mithin eine integrale Kommunikator- und Journalismusforschung, die aber selbstverständlich die Erkenntnisgewinne (...) keineswegs zurücknimmt, sondern eben integriert."[11]

Auch neuere Arbeiten schließen sich dieser Meinung an. Gianluca Wallisch bemängelt, daß systemtheoretische Ansätze besondere Leistungen einzelner Journalisten kaum akzeptieren. Journalismus sei auch eine kulturelle und individuelle Leistung.[12] Für ihn hängen Innovationen des bestehenden Systems größtenteils von individuellen Leistungen ab. Er verweist beispielsweise auf Johann Gottfried Seums Engagement, das später zur sozialpolitischen Reportage führte, das Recherchieren von Korruptionspraktiken weniger Journalisten, das den „muck raking"-Journalismus etablierte oder die Recherchen zum Watergate-Skandal, die den investigativen Jour-

---

[9] Ebd., S. 4
[10] Vgl. ebd., S. 5
[11] Ebd., S. 3
[12] Vgl. Wallisch 1995, a.a.O., S. 13

nalismus als Genre prägten. Solche Beispiele seien Anzeichen dafür, daß die heute vorhandenen systemischen Muster individuelle Leistungen zum Vorbild haben, die nachgeahmt und zu perfektionieren versucht werden.[13] Auch Christoph Neuberger plädiert dafür, den einzelnen Akteur nicht aus der Forschung auszuschließen. Als Ziel einer Verbindung von Akteur-, Institutionen- und Systemtheorie nennt er die Aufwertung des Individuums ohne wichtige Erkenntnisse der Systemtheorie außer Acht zu lassen.[14] Irene Neverla macht eine „Renaissance der publizistischen Persönlichkeit"[15] aus, auch wenn nun nicht mehr die autonome Figur im Mittelpunkt stehe, sondern der systemische Kontext mit einfließe.

2.2 Der kollektivbiographische Ansatz

Was den Bereich der Berufsforschung betrifft, so klagt die Kommunikationswissenschaft über Defizite. Siegfried Weischenberg, Martin Löffelholz und Armin Scholl bedauern in der Vorstellung ihrer Studie „Journalismus in Deutschland", daß es sich bei den meisten Forschungsansätzen um Fallstudien handelt oder sich weiterreichende Untersuchungen auf problematische Stichprobenmodelle stützen. Außerdem würde das Datenmaterial ständig veralten, da sich nachkommende Forschungen kaum anschließen. Zwar hätte es seit den 70er Jahren zahlreiche Versuche gegeben, mehr über das Denken und die Arbeit von Journalisten herauszufinden, dennoch seien zahlreiche Forschungsfelder noch immer unzureichend bearbeitet.[16] Walter Hömberg kritisiert, daß es zwar zahlreiche Studien zur aktuellen Situation der journalistischen Berufe gebe, aber keine Berufsgeschichte der Journalisten mit historischer Ausrichtung.[17] Dabei würden weniger Einzel-

---

[13] Vgl. ebd., S. 234f

[14] Vgl. Neuberger, Christoph: Journalismus als Akteurskonstellation. Vorschläge für die Verbindung von Akteur-, Institutionen- und Systemtheorie. In: Löffelholz, Martin (Hrsg.): Theorien des Journalismus. Ein diskursives Handbuch. Wiesbaden 2000, S. 276

[15] Neverla 1998, a.a.O., S. 55

[16] Vgl. Weischenberg u.a. 1993, a.a.O., S. 21f

[17] Vgl. Hömberg, Walter: Von Kärrnern und Königen. Zur Geschichte journalistischer Berufe. In: Brobowsky, Manfred / Langenbucher, Wolfgang R.: Wege zur Kommunikationsgeschichte. München 1987

schicksale interessieren, sondern vielmehr „allgemeine Entwicklungskonstellationen und kollektive Bewußtseinslagen"[18].

Bereits 1989 hoffte Fritz Hausjell in der Einleitung seiner Dissertation, daß sich der einzelbiographische Ansatz der Kommunikatorforschung an einem Wendepunkt hin zu einer kollektivbiographischen Betrachtungsweise befinde. Er wählte eine Kollektivbiographie, um die berufliche, politische und soziale Herkunft der österreichischen Tageszeitungsjournalisten zu Beginn der Zweiten Republik näher zu bestimmen.[19] Er bedauerte, daß in Österreich und in Deutschland Biographien einzelner berühmter Journalisten die Journalismusforschung beherrschen: „Die historische Kommunikatorforschung klammerte sich lieber an die Journalistenelite und drängte in elitärer Weise die Mehrheit der Journalisten in den Schatten der Geschichte."[20]

Sigrun Schmid rekonstruierte die Lebensläufe von Nachkriegsjournalisten in Rheinland-Pfalz und legte damit 2000 eine weitere der noch wenigen kollektiv-biographischen Arbeiten vor. Unter Bezugnahme auf Heinz Wilhelm Schröder definiert sie die kollektive Biographie als „die theoretisch und methodisch reflektierte, empirische, besonders auch quantitativ gestützte Erforschung eines historischen Personenkollektivs in seinem gesellschaftlichen Kontext anhand einer vergleichbaren Analyse der individuellen Lebensläufe der Kollektivmitglieder."[21]

Aber auch neuere individualbiographische Ansätze wollen sich von der ausschließlichen Personenzentriertheit lösen. Reiner Burger versuchte in seiner Arbeit über die journalistische Tätigkeit von Theodor Heuss, „die zu untersuchende Person in ihrer biographischen Totalität (...) als Objekt der Kommunikationswissenschaft darzustellen"[22]. Dabei soll nicht die Person,

---

[18] Ebd., S. 628
[19] Vgl. Hausjell, Fritz: Journalisten gegen Demokratie und Faschismus. Eine kollektivbiographische Analyse der beruflichen und politischen Herkunft der österreichischen Tageszeitungsjournalisten am Beginn der Zweiten Republik (1945-1947). Zwei Bände. Frankfurt/Main, Bern, New York, Paris 1989
[20] Ebd., S. 21
[21] Zitiert nach: Schmid, Sigrun: Journalisten der frühen Nachkriegszeit. Eine kollektive Biographie am Beispiel von Rheinland-Pfalz. Köln u.a. 2000, S. 12
[22] Zitiert nach: Burger, Reiner: Theodor Heuss. Beobachter und Interpret von vier Epochen deutscher Geschichte. Münster 1999, S. 27

sondern deren journalistische Arbeit „im Kontext der kulturellen, politischen, ökonomischen und sozialen Bezugsrealität im Zentrum der Betrachtung"[23] stehen. Auf Theodor Heuss bezogen bedeutet dies, daß auch seine Kindheit, politische Prägungen, der historische Kontext und die Geschichte der Medien, bei denen er gearbeitet hat, betrachtet werden.[24]

Bei seinen 15 Journalisten- und Verlegerportraits mit dem Titel „Götterdämmerung" griff Herbert Riehl-Heyse in erster Linie auf persönliche Gespräche zurück. Die „Gründer" der Nachkriegsjahre werden dabei als Individuen, aber auch als beispielhafte Vertreter einer Generation gesehen. Der Autor nennt sein Buch „eine Liebeserklärung an eine vom Aussterben bedrohte Spezies"[25].

Die vorliegende Arbeit kann nicht auf eine Stufe mit den vorgestellten Forschungen gestellt werden. Aufgrund der vorgegebenen Länge können die zehn Journalisten zum einen nicht in ihrer „biographischen Totalität" erfaßt werden, zum anderen ist eine Gruppe von zehn Journalisten aber auch zu klein, um den Anspruch einer kollektivbiographischen Untersuchung gerecht zu werden. Vielmehr sollen die Gründe für den Erfolg einer Journalistengeneration exemplarisch an zehn herausragenden Journalisten der Nachkriegsjahrzehnte näher betrachtet werden, ohne den Anspruch auf Vollständigkeit erfüllen zu wollen und zu können.

Die Ergebnisse beziehen sich in erster Linie auf die Berichterstattung über die ausgewählten Journalisten in verschiedenen Pressemedien und können daher auch nur unter Annahme einer gewissen Subjektivität der berichtenden Medien interpretiert werden.

Nachdem versucht wurde, die vorliegende Arbeit in den Forschungskontext einzuordnen, beschäftigt sich das folgende Kapitel mit einem Gebiet der Journalismusforschung, das für diese Arbeit von zentraler Bedeutung ist: die Qualitätsforschung.

---

[23] Arbeitsgruppe „Biographie": Biographie als kommunikationswissenschaftliche Herausforderung. Aktuellen Tendenzen, Chancen und Defizite eines umstrittenen Genres. In: Medien&Zeit, 8. Jahrgang, Heft 4, S. 36
[24] Vgl. Burger, Reiner 1999, a.a.O., S. 27
[25] Riehl-Heyse, Herbert: Götterdämmerung. Die Herren der öffentlichen Meinung. Berlin 1995, S. 16

3. Wann ist ein Journalist „gut"?: Das Problem der journalistischen Qualität

Diese Arbeit will herausfinden, wie „großer" Journalismus entstehen kann. Was aber ist überhaupt „großer" und „guter" Journalismus? Welche Kriterien werden angelegt, um die Arbeit eines Journalisten zu bewerten? „Qualität im Journalismus definieren zu wollen, gleicht dem Versuch, einen Pudding an die Wand zu nageln."[26] Stephan Ruß-Mohls Aussage wird oft zitiert, weil sie wohl das Dilemma treffend beschreibt, in dem sich die Kommunikationswissenschaft im Bereich der Qualitätsforschung befindet. Gerade in den vergangenen Jahren, in denen die privaten Rundfunksender ihre Position ausbauen konnten und auch auf dem Pressemarkt die Konzentration immer mehr zunimmt, hat die Diskussion um Qualität im Journalismus Konjunktur.

Der einzelne Journalist spielt in der Qualitätsforschung wie in der Journalismusforschung eine eher untergeordnete Rolle (Vgl. Kapitel 2.1). Gianluca Wallisch kritisiert auch in diesem Zusammenhang, daß sich das Anlegen von Qualitätskriterien immer mehr vom einzelnen Journalisten entfernt: „Die Kreativität, der Mut und die Fähigkeit zum Experimentieren im journalistischen Betätigungsfeld kann aber grundlegendes Kriterium für journalistische Qualität sein, zumal sämtliche journalistische Innovationen – von der Thematisierung bis zur Realisierung – Ausdruck von Kreativität einzelner oder einiger weniger Journalisten waren und sind."[27] Trotzdem macht Wallisch die „fanatisch verfochtene Begabungsideologie"[28] in den Anfängen der Journalismusforschung dafür verantwortlich, daß es bis heute keine allgemeinverbindlichen Qualitätsnormen und somit auch keine umfassende Definition von journalistischer Qualität gibt.

In diesem Kapitel soll zunächst ein Überblick über den Stand und die Probleme der Qualitätsforschung gegeben werden. Anschließend werden zwei Modelle vorgestellt, die journalistische Qualität auf verschiedenen Ebenen

---

[26] Ruß-Mohl, Stephan: Der I-Faktor. Qualitätssicherung im amerikanischen Journalismus – Modell für Europa? Osnabrück 1994, S. 94
[27] Wallisch 1995, a.a.O., S. 18
[28] Ebd., S. 101

betrachten und auch den einzelnen Journalisten mit einbeziehen. Sie bilden die theoretische Grundlage für die Formulierung der Forschungsfragen. Anschließend werden zwei Aspekte der Qualitätsdiskussion näher betrachtet, die für diese Arbeit besonders interessant sind: Inwieweit das Beherrschen von Handwerksregeln die Qualität eines Produkts bestimmt und ob die Professionalisierung des journalistischen Berufes der Schlüssel zu mehr Qualität sein kann.

3.1 Stand und Probleme der Qualitätsforschung

Stefanie Bley teilt in ihrer Diplomarbeit zum Thema „Qualität in Jugendzeitschriften" die Entwicklung der Qualitätsforschung in drei Phasen ein: In eine Frühphase vor 1990, in der erste Arbeiten moralische journalistische Normen untersuchten, in eine Konzeptphase in den Jahren 1990 bis 1995, in der erste Modelle entstanden und in eine Erweiterungs- und Umsetzungsphase, in der vorhandene Modelle kritisiert und weiterentwickelt wurden und die noch immer andauert.[29] Eine der ersten Forschungsarbeiten zum Thema publizistische Qualität stammt aus dem Jahr 1981. Unter der Leitung von Ulrich Saxer und Heinz Kull untersuchte eine studentische Projektgruppe verschiedene Aspekte des beruflichen Sozialisationsvorgangs und die Entwicklung journalistischer Qualitätsstandards bei Stagiaires und Volontären im Fernsehen und Radio der Deutschen und Rätoromanischen Schweiz. Entscheidend ist für Saxer und Kull, daß journalistische Qualität als „dynamische Normenkonstellation"[30] verstanden wird, die veränderbar ist. In ihrem Fazit kommen die Forscher zu dem Ergebnis, daß zumindest in der Ausbildung der SRG- und DRS-Volontäre zwar versucht wird, Theorie und Praxis zu verbinden, das Interesse der Volontäre an sogenanntem „Reflexionswissen" gegenüber praktischen Handlungsanweisungen aber gering ist und Normen eher über die praktische Arbeit und Kollegengespräche als über ein umfassendes Ausbildungssystem vermittelt werden.[31] Ein anderer Weg, die Bewertung journalistischer Arbeit zu untersuchen, ist

---

[29] Vgl. Bley, Stefanie: Bravo oder Pfui? Journalistische Qualität in Jugendzeitschriften. Eichstätt 2000, Diplomarbeit, S. 6f
[30] Saxer / Kull 1981, a.a.O., S. 50f
[31] Vgl. ebd., S. 115

die Beschäftigung mit Wertungskriterien bei Journalistenpreisen. Detlef Korus untersuchte 1988 im Rahmen seiner Diplomarbeit Qualitätskriterien von Jurymitgliedern bei Journalistenpreisen[32], Wolfgang Höbel versuchte 1989, die Kriterien des „Internationalen-Journalistik-Preis" Klagenfurt zu bestimmen[33].

In der Folgezeit machten sich die Forscher daran, Modelle zu entwickeln. Auch einzelne Aspekte der Qualitätsforschung wurden vermehrt ausgeklammert und für sich betrachtet. Heribert Schatz und Winfried Schulz untersuchten 1992 die Qualität von Fernsehprogrammen.[34]

Günter Rager stellte 1995 seine vier Dimensionen der Qualität vor: Aktualität, Relevanz, Richtigkeit und Vermittlung. Er forderte Standards, mit denen der Journalismus zuverlässig und stabil die von ihm geforderten Leistungen erbringen kann.[35]

Die Informationsqualität von Nachrichten beschäftigte Lutz Hagen[36], während Detlef Schröter die Vermittlungsleistungen der Journalisten in den Mittelpunkt seiner Arbeit „Qualität und Journalismus" stellte: „Journalisten sind Transporteure und Akteure, Handwerker und Künstler, sie sind Vermittlungsinstanz für fremdes Gedankengut und Gesprächspartner mit eigenen Interessen."[37]

---

[32] Vgl. Korus, Detlef: Gibt es Kriterien journalistischer Qualität? Eine explorative Studie zum Qualitätsverständnis der Juroren bundesdeutscher Journalistenpreise. Eichstätt 1988, Diplomarbeit

[33] Vgl. Höbel, Wolfgang: Kriterien journalistischer Qualitätsbeurteilung. Eine explorative Studie zur Wettbewerbspraxis beim „Internationalen-Journalistik-Preis" Klagenfurt. München 1989, Diplomarbeit

[34] Vgl. Schatz, Heribert / Schulz, Winfried: Qualität von Fernsehprogrammen. In: Media Perspektiven, 1992, Heft 11, S. 690-712

[35] Vgl. Rager, Günter: Dimensionen der Qualität. In: Bentele, Günter: Publizistik in der Gesellschaft. Festschrift für Manfred Rühl. Konstanz 1995

[36] Vgl. Hagen, Lutz: Informationsqualität von Nachrichten. Meßmethoden und ihre Anwendung auf die Dienste von Nachrichtenagenturen. Opladen 1995

[37] Schröter, Detlef: Qualität und Journalismus. Theoretische und praktische Grundlagen journalistischen Handelns. München 1995, S. 213

Relevanz, Objektivität und die Rolle des Publikums bei der Bewertung von Qualität wurden von Christoph Neuberger näher betrachtet.[38]

Obwohl die wissenschaftliche Beschäftigung mit dem Thema journalistische Qualität in den letzten Jahren stark zugenommen hat, werden Mängel kritisiert. Günter Rager fordert vermehrt Modelle, die auch für die Praxis relevant sind.[39] Gianluca Wallisch kritisiert in seiner Diskussion der verschiedenen Ansätze, daß Einzelkriterien wie Objektivität, die Trennung von Nachricht und Meinung oder die Recherche herausgelöst werden, es aber kaum zu einer „Kanonbildung" kommt.[40] In eine ähnliche Richtung geht auch die Kritik von Detlef Schröter, der ein „ganzheitliches Konzept mit Blick auf die gesellschaftliche Kommunikation"[41] vermißt. Hannes Haas und Klaus Lojka vermuten in ihrer Zusammenschau der verschiedenen Ansätze: „Die Kommunikationswissenschaft scheint Angst vor der eigenen Courage zu haben, sie nimmt mutig einen langen Anlauf, aber sie scheut den Sprung. Im Anlauf rationalisiert sie, warum gar nicht, noch nicht, anders, nicht hier etc. gesprungen werden soll."[42]

3.2 *Den* Maßstab gibt es nicht: Der Journalist als einer von vielen

Die Anzahl an Arbeiten zur journalistischen Qualität ist groß, wenngleich noch keine Standardwerke oder verbindliche Handlungsanweisungen existieren. Im Folgenden werden zwei Ansätze vorgestellt, die verschiedene Ebenen, bzw. Variablen vorstellen, von denen journalistische Qualität abhängig sein können. Der einzelne Journalist wird darin weder ausgeklammert, noch absolut gesetzt. Die Erkenntnisse der beiden Modelle bilden in

---

[38] Vgl. Neuberger, Christoph: Journalismus als Problembearbeitung. Objektivität und Relevanz in der öffentlichen Kommunikation. Konstanz 1996; Neuberger, Christoph: Was das Publikum wollen könnte. Autonome und repräsentative Bewertung journalistischer Leistungen. In: Weßler, Hartmut: Perspektiven der Medienkritik. Die gesellschaftliche Auseinandersetzung mit öffentlicher Kommunikation in der Mediengesellschaft. Dieter Roß zum 60.Geburtstag. Opladen 1997, S. 171-184
[39] Vgl. Rager, a.a.O., S. 189
[40] Vgl. Wallisch 1995, a.a. O., S. 12f
[41] Schröter 1995, a.a.O., S. 15
[42] Haas, Hannes/Klaus, Lojka: Qualität auf dem Prüfstand. In: Duchkowitsch u.a.1998, a.a.O., S. 132

Abstimmung auf das Untersuchungsmaterial die theoretische Grundlage für die Forschungsfragen.

Für Stephan Ruß-Mohl steht fest, daß es den *einen* Maßstab für Qualität nicht gibt und auch nicht geben kann.[43] Damit ist er sich mit vielen seiner Kollegen einig.[44] Er macht Qualität abhängig von verschiedenen Variablen, die sich teilweise überschneiden, in ihrer Summe aber auch nicht als allgemeinverbindlich zu sehen sind. Qualität ist für ihn abhängig vom Medium, von der Zielgruppe, dem Genre, von den Funktionen, die Journalismus erfüllen soll, von der Aktualität/Periodizität und vom Selbstverständnis des einzelnen Journalisten:

Abbildung 1: Qualitätsmaßstäbe als abhängige Variable

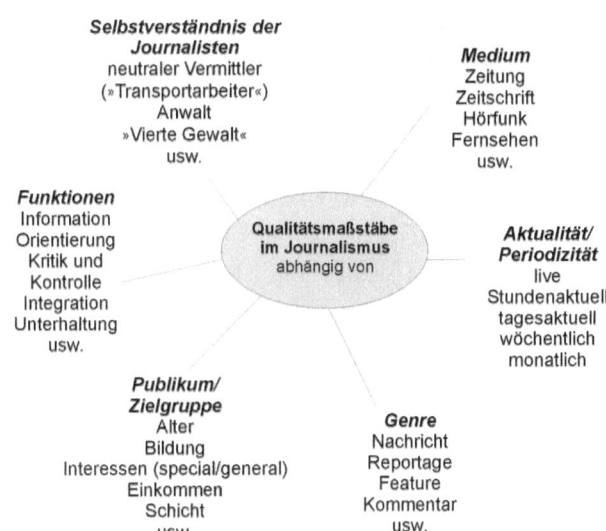

Quelle: Ruß-Mohl, Stephan: Am eigenen Schopfe ... Qualitätssicherung im Journalismus – Grundfragen, Ansätze, Näherungsversuche. In: Publizistik, 37. Jahrgang 1992, Heft 1, S. 85

---

[43] Vgl. Ruß-Mohl: Am eigenen Schopfe... Qualitätssicherung im Journalismus – Grundfragen, Ansätze, Näherungsversuche. In: Publizistik, 37. Jahrgang 1992, Heft 1, S. 87

[44] Vgl. Rager 1995, a. a. O., S. 190; Wallisch 1995, a.a. O., S. 233

In Bezug auf das Medium erachtet er es beispielsweise als wichtig, bei der Bewertung von Qualität Gleiches mit Gleichem zu vergleichen. So sei die „Bild-Zeitung" nicht mit der F.A.Z. zu vergleichen und die F.A.Z. nicht mit dem „Stern". Danach könne ein „Bild"-Journalist durchaus „gute" Arbeit leisten, wenn er sich an den Maßstäben für Boulevardjournalismus orientiert.[45]

Die Sicherung der Qualität läßt sich für Ruß-Mohl nicht an einer bestimmten Stelle des Produktionsablaufs festmachen, sie soll vielmehr alle Stationen der Produktion, also von der Ausbildung des Journalisten über den journalistischen Produktionsprozeß mit Themenwahl, Recherche und Schreiben über die Korrektur und die Rückkoppelungsprozesse mit dem Publikum, begleiten.[46] Außerdem fordert Ruß-Mohl dezentrale Strukturen, um die Qualitätssicherung zu überwachen. Ideal sei ein Netzwerk von Institutionen, Initiativen und Infrastrukturen[47], „die präventiv oder korrektiv zur journalistischen Qualitätssicherung beitragen, indem sie auf den Journalismus einwirken und insbesondere die Professionalisierung der Journalisten und Medienmacher vorantreiben und/oder für die nötige Kritik, Selbstkritik und Transparenz sorgen"[48].

Auch Hans Heinz Fabris ist der Meinung, daß sich die Reflexion der Themen Qualität und Qualitätssicherung auf mehreren Ebenen bewegen muß. Der einzelne Journalist steht dabei im Mittelpunkt und wird von den Ebenen der Institutionen, des Mediensystems, der Rezipienten und der gesellschaftlichen Rahmenbedingungen umschlossen.[49]

---

[45] Vgl. Ruß-Mohl 1992, a.a.O., S. 85f
[46] Vgl. ebd., S. 87
[47] Vgl. Ruß-Mohl 1994, a.a. O., S. 23
[48] Ebd., S. 111
[49] Vgl. Fabris, Hans Heinz: Vielfältige Qualität Theoretische Ansätze und Perspektiven der Diskussion um Qualität im Journalismus. In: In: Löffelholz, Martin (Hrsg.): Theorien des Journalismus. Ein diskursives Handbuch. Wiesbaden 2000, S. 264

Abbildung 2: Das erweiterte Zwiebelmodell

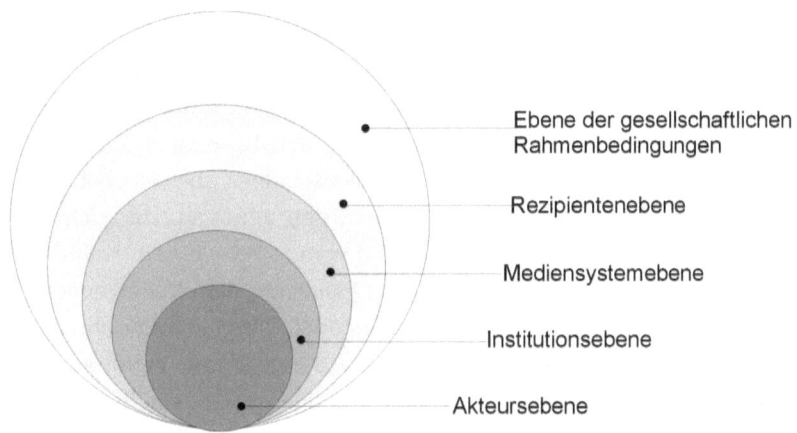

- Ebene der gesellschaftlichen Rahmenbedingungen
- Rezipientenebene
- Mediensystemebene
- Institutionsebene
- Akteursebene

Quelle: Fabris, Hans Heinz: Vielfältige Qualität. Theoretische Ansätze und Perspektiven der Diskussion um Qualität im Journalismus. In: Löffelholz, Martin (Hrsg.): Theorien des Journalismus. Ein diskursives Handbuch. Wiesbaden 2000, S. 365

3.3 Handwerksregeln als Basis

Um Qualität produzieren zu können, sollte der Journalist sein Handwerk beherrschen. An Büchern über journalistische Handwerksregeln mangelt es deshalb nicht. So gut wie jede Darstellungsform hat ihre standardisierten Aufbaumuster und auch zum Recherchieren, der Trennung von Nachricht und Meinung und anderen Qualitätsgrundsätzen gibt es Handlungsanweisungen.[50] Eine fundierte Ausbildung wird als unumgänglicher Weg gesehen, um das journalistische Handwerk zu erlernen, aber auch Stephan

---

[50] Vgl. z.B. Haller, Michael: Recherchieren. Ein Handbuch für Journalisten. München 1983. 4. Auflage 1991; Schneider, Wolf: Deutsch für Profis. Hamburg 1983; Weischenberg, Siegfried: Nachrichtenschreiben. Journalistische Praxis zum Schreiben und Selbststudium. Opladen 1988 u.v.m.

Ruß-Mohl, der eine Professionalisierung durch Ausbildung fordert, weiß um deren Grenzen. Er vergleicht das Qualitätssicherungssystem im Journalismus mit einem Leitsystem im Straßenverkehr, das Regeln und Warnschilder vorgibt, in dem sich der einzelne Fahrer aber einen eigenen – guten oder schlechten – Fahrstil aneignet.[51]

Auch Praktiker bestreiten nicht die Notwendigkeit einer geregelten Ausbildung, um die handwerklichen Grundlagen zu erlernen. Journalisten wie Hermann Schreiber bezweifeln aber, daß man lernen kann, ein guter Journalist zu sein: „Ich habe großen Respekt vor den Leistungen und vor den unbestreitbaren Erfolgen unserer Journalistenschulen. Aber ich habe noch keinen außergewöhnlich begabten Journalisten getroffen, der sich nicht durchgesetzt hätte – und zwar unabhängig vom Stand seiner Ausbildung."[52] Er führt die Meinung von Hans-Wolfgang Pfeifer an, dem Vorsitzenden der Geschäftsführung der Frankfurter Allgemeinen Zeitung, der im Rahmen der Dortmunder Mediengespräche Qualität als „die geglückte Verbindung des journalistisch Handwerklichen mit individuellen intellektuellen Leistungen"[53] bezeichnete.

Daß das journalistische Handwerk lediglich die Basis für Qualität ist, zu diesem Schluß kommt auch Rudolf Schulze.[54] Sein Fazit: „Sowohl Schreibstil als auch grafische Aufbereitung der Informationen müssen der Lesererwartung frönen. Qualitätsprodukte referieren, langweilen nicht, sondern erleichtern die Informationsaufnahme dank Faszination. Sie lassen den Leser miterleben."[55] Das Kapitel „Faszination" wird ein Student in einem Praxislehrbuch aber vergeblich suchen.

---

[51] Vgl. Ruß-Mohl 1992, a.a.O., S. 87

[52] Schreiber, Hermann: „... der unermüdliche Versuch, sehr gut zu sein." Qualitätssicherung durch dialogische Führung. In: Reiter, Sibylle u.a. (Hrsg.): Zukunft oder Ende des Journalismus? Publizistische Qualitätssicherung, Medienmanagement, redaktionelles Marketing. Gütersloh 1994, S. 40

[53] Ebd., S. 38

[54] Vgl. Schulze, Rudolf: Qualität ist, was sich verkauft. In: In: Bammé Arno / Kotzmann, Ernst / Reschenberg, Hasso: Publizistische Qualität. Probleme und Perspektiven ihrer Auswertung. München / Wien 1993, Seite 236f

[55] Ebd., S. 255

In eine ähnliche Richtung geht auch Gianluca Wallisch, wenn er Qualität in eine objektive und eine subjektive Kategorie unterteilt. Der objektiven Qualität ordnet er dabei erlernbare journalistische Handlungsmuster zu, wie formale Prinzipien oder das Auswählen angemessener Textgattungen. Dem stellt er eine subjektive Qualität gegenüber, die sich in einem individuellen Stil oder in besonderen inhaltlichen Prinzipen zeige. Hier könne der Journalist innerhalb des gesetzten Rahmens sich selbst in das journalistische Produkt einbringen. Diese subjektive Qualität sei aber sehr schwer zu operationalisieren, da sie stark mit der individuellen Erfahrung des Rezipienten zusammenhänge.[56]

Auch Winfried Göpfert, der einen ungewöhnlich detaillierten Kriterienkatalog zusammengestellt hat, weist darauf hin, daß letztlich der Gesamteindruck zählt.[57] Stures „Abarbeiten" eines Kriterienkatalogs führt demnach noch nicht zwingend zu einem qualitativ hochwertigem Produkt. Ernst Müller-Meiningen, langjähriger SZ-Redakteur, stellt eine Leidenschaft für den Beruf in den Mittelpunkt, die nicht zu erlernen ist: „Wie steht es um die Qualität des deutschen Journalismus? Wer ist ein guter Journalist? Journalistik ist ein Begabungsberuf, der Lebensneugier, Aktivität, Beweglichkeit, Entschlußfähigkeit und vor allem Passioniertheit fürs Metier voraussetzt."[58]

3.4 Professionalisierung als Lösung?

Seit den 1970er Jahren wird versucht, journalistische Qualität durch eine Professionalisierung des Journalismus zu sichern. „In komplexen Systemen ist Qualitätssicherung ohnehin kaum durch Vorschriften und rigide Kontrollen zu erreichen, sondern primär durch Professionalisierung. Professionalisierung wiederum fußt auf einer geregelten Aus- und Weiterbildung und

---

[56] Vgl. Wallisch 1995, a.a. O., S. 100ff
[57] Vgl. Göpfert, Winfried: Publizistische Qualität: Ein Kriterien-Katalog. In: Bammé Arno / Kotzmann, Ernst / Reschenberg, Hasso: Publizistische Qualität. Probleme und Perspektiven ihrer Auswertung. München/Wien 1993, S. 99-109
[58] Müller-Meiningen jr., Ernst: Journalistisches Selbstverständnis. Journalisten – Medienpolitik in Moll. In: Rundfunk und Fernsehen, 29. Jahrgang 1981, Heft 2-3, S. 229

nicht zuletzt auf einer ethischen Fundierung und Reflexion der Berufspraxis,"[59] ist Ruß-Mohl sich sicher.

Die Erfahrungen im Nationalsozialismus haben die Journalisten mißtrauisch gemacht gegenüber jeglicher Reglementierung. Sie betonen gleichzeitig die Freiheit des Berufes und fordern Schutz vor Sanktionen: „Denn es gehört zu den weiteren Eigentümlichkeiten journalistischer Mentalität, in Konfliktsituationen nach präziseren Normen für die Ausübung dieser Berufstätigkeit zu rufen, um vermehrt Schutz gegen Sanktionen zu finden; zugleich sträuben sich aber die Journalisten regelmäßig so gut wie möglich gegen irgendwelche expliziten Normierungen ihrer Arbeit, da sie sich dadurch in ihrer Freiheit eingeengt fühlen. Journalistengesetzgeber zu sein ist daher mutmaßlich noch schwieriger als Journalist selber."[60]

Für Michael Kunczik ist die Frage, ob Journalismus eine Profession ist, nicht rein akademisch, sondern trifft genau ins „Zentrum journalistischen Selbstverständnisses"[61]. Einig ist man sich darüber, daß aus dem Journalismus keine Profession im herkömmlichen Sinn werden kann und auch nicht werden soll. Verteidiger der Professionalisierung sehen darin eher eine „Regelhaftigkeit beruflichen Handelns im Mediensystem"[62]. Praktiker bezweifeln aber, daß die starke Zunahme der formalisierten Ausbildungswege zwangsläufig zu einer Zunahme journalistischer Qualität führt. Herbert Riehl-Heyse über die Kehrseite dieser Entwicklung: „Es müssen große Zeiten für die Qualität der Presse gewesen sein, in denen Bismarck sagen konnte, aus einem guten Redakteur lasse sich jederzeit ein guter Staatssekretär machen. Inzwischen sind zwar erkennbar auch die Ansprüche an die Qualität von Staatssekretären gesunken – aber leider gibt es auch genug Jungredakteure, die nicht so genau wissen, wie man Bismarck schreibt und was er ungefähr getan haben könnte."[63]

---

[59] Ruß-Mohl 1992, a.a. O., S. 92
[60] Saxer, Ulrich: Journalismus als Rolle. In: Widmer, Franz C. (Hrsg.): Beruf: Journalist. Zürich 1982, S. 161f
[61] Kunczik, Michael: Journalismus als Beruf. Köln, Wien 1988, S. 22
[62] Neverla, Irene: Die verspätete Profession: Journalismus zwischen Berufskultur und Digitalisierung. In: Duchkowitsch, Wolfgang u.a. (Hrsg.): Journalismus als Kultur. Analysen und Essays. Opladen / Wiesbaden 1998, S. 56
[63] Riehl-Heyse, Herbert: Bestellte Wahrheiten. Anmerkungen zur Freiheit des Journalistenmenschen. München 1989, S. 20

Kunczik ist sich sicher, daß die zunehmende Reglementierung „zu einem Rückgang der Meinungsvielfalt und zu einer Einengung der Blickwinkel"[64] führt. Auch Ruß-Mohl ist sich sicher, daß die Professionalisierung und die wissenschaftliche Qualitätssicherung ihren Preis haben werden. Seine Prognose nimmt in Ansätzen im heutigen Journalismus immer mehr Gestalt an: „Wir bewegen uns damit, gerade wenn wir Professionalisierung und Qualitätssicherung betreiben, womöglich auf einen stromlinienförmigen *Consensus Journalism* zu, der zwar in seinen Präsentationsformen bunt und unterhaltsam sein mag, der aber an Markanz, an Kraft und Profil, an Ecken und Kanten und damit an inhaltlicher Vielfalt und an Widerspruchsgeist zu verlieren droht."[65]

Bevor die Ecken und Kanten der Nachkriegsjournalisten näher untersucht werden, stehen im folgenden Kapitel die rechtlichen und gesellschaftspolitischen Rahmenbedingungen des deutschen Journalismus seit 1945 im Mittelpunkt.

---

[64] Kunczik 1988, a.a.O., S. 24
[65] Ebd.

4. Deutscher Journalismus seit 1945

Die Berichterstattung über die zehn ausgewählten Journalisten wird von deren Rolle in den gesellschaftspolitischen Entwicklungen ihrer Zeit dominiert. In diesem Kapitel sollen deshalb die Rahmenbedingungen des deutschen Journalismus nach 1945 und die Veränderungen in der Definition des journalistischen Berufs skizziert werden. Daran schließt sich ein Überblick über die gesellschaftspolitischen Ereignisse der Nachkriegsjahrzehnte, auf die in der Berichterstattung hauptsächlich Bezug genommen wird, an. Die Probleme, mit denen Frauen bis heute in der Männerdomäne Journalismus zu kämpfen haben, sind am Ende dieses Abschnitts ein Thema.

4.1 Rahmenbedingungen

4.1.1 Frühe Prägungen

Der deutsche Journalismus wird im besonderem Maße als ein Spiegel der Gesellschaft gesehen. Politische Umbrüche, soziale Veränderungen, Entwicklungen im Mediensystem und der Zeitgeist hätten den Beruf in seinen Strukturen und im Selbstbild der Berufsangehörigen gerade in Deutschland besonders stark verändert.[66]

Einschneidende Veränderungen für das Berufsbild deutscher Journalisten brachten vor allem die Gedanken der Aufklärung und der Französischen Revolution mit sich. Ende des 18., Anfang des 19. Jahrhunderts gaben viele Schriftsteller ihre Arbeit an den Höfen auf und taten sich mit Druckern zusammen, um Zeitungen und Zeitschriften herauszugeben. Dabei stand weniger die aktuelle Berichterstattung als vielmehr der Diskurs um philosophische und politische Fragen im Mittelpunkt, um dadurch den öffentlichen Meinungsbildungsprozeß anzukurbeln. Der angelsächsische und der amerikanische Journalismus dagegen zeichneten sich ab den 30er Jahren des 19. Jahrhundert durch eine Presse aus, die sich in erster Linie an Fakten

---

[66] Vgl. Wilke, Jürgen: Umbrüche im deutschen Journalismus. In: Mahle, Walter A. (Hrsg.): Journalisten in Deutschland. Nationale und internationale Vergleiche und Perspektiven. München 1993, S. 137-142

orientierte und sich als neutral bezeichnete. Dort kam es zu einer Arbeitsteilung zwischen dem „Reporter", dem „Editor" und dem „Commentator". Dadurch sollte die Beschreibung von Sachverhalten, die Bewertung dieser Beschreibung und die inhaltliche Beurteilung der Sachverhalte klar und erkennbar voneinander getrennt und größtmögliche Neutralität erzielt werden. Verglichen mit anderen Ländern wurde die Pressefreiheit in Deutschland sehr spät eingeführt. Als die Deutschen im Grundgesetz vom Mai 1949 die Freiheit der Presse festschrieben, hatte England bereits 250 Jahre vorher die Zensur abgeschafft. Zwar wurde in Deutschland immer wieder um die Pressefreiheit gekämpft, die Errungenschaften blieben aber immer nur von kurzer Dauer. Auch das Reichspressegesetz von 1874 und die Weimarer Reichsverfassung garantierten keine absolute Unabhängigkeit.[67]

So wird Deutschland als „eine verspätete Nation"[68] bezeichnet, sowohl was die Entwicklung des Parlamentarismus, als auch den Kampf um die Pressefreiheit betrifft. „Mehr als zwei Jahrhunderten Tradition der Pressefreiheit in England und den USA stehen bis heute bei uns ein halbes Jahrhundert im Westen und gerade einmal zehn Jahre im Osten gegenüber,"[69] resümiert Wolfgang Donsbach. Dieses lange Warten auf die Pressefreiheit und die Erfahrungen aus dem Nationalsozialismus veranlaßten die Gründerväter des Grundgesetzes dazu, Medien und Journalisten mit einer besonderen Rechtsstellung auszustatten.

4.1.2 Der gesetzliche Rahmen

Nach dem Zweiten Weltkrieg wurde in Deutschland erstmals ein freier Journalismus möglich, den es bis dahin noch nicht gegeben hatte. Der hohe Stellenwert, den die Massenmedien für den freien Diskurs der Meinungen in einer Demokratie haben, wurde im Grundgesetz durch eine Verankerung der Meinungs-, Informations-, und Pressefreiheit im Artikel 5 betont:

„(1) Jeder hat das Recht, seine Meinung in Wort, Schrift und Bild frei zu äußern und zu verbreiten und sich aus allgemein zugänglichen Quellen ungehindert zu unterrichten.

---

[67] Vgl. Donsbach 1999, a.a.O., S. 491f
[68] Esser, Frank: Die Kräfte hinter den Schlagzeilen. Englischer und deutscher Journalismus im Vergleich. Freiburg / München 1998, S. 81
[69] Donsbach 1999, a.a.O., S. 492

Die Pressefreiheit und die Freiheit der Berichterstattung durch Rundfunk und Film werden gewährleistet. Eine Zensur findet nicht statt.

(2) Diese Rechte finden ihre Schranken in den Vorschriften der allgemeinen Gesetze, den gesetzlichen Bestimmungen zum Schutze der Jugend und in dem Recht der persönlichen Ehre.

(3) Kunst und Wissenschaft, Forschung und Lehre sind frei. Die Freiheit der Lehre entbindet nicht von der Treue zur Verfassung."[70]

In Absatz 1 wird betont, daß das Recht auf Meinungs- und Informationsfreiheit für Jedermann gilt. Die Pressefreiheit und die Freiheit der Berichterstattung durch Rundfunk und Film werden gewährleistet. Außerdem wird ein Informationsanspruch gegenüber staatlichen Behörden sicher gestellt. Eine staatliche Einflußnahme auf die Inhalte durch ein Verbot der Zensur wird ausgeschlossen. Absatz 2 weist auf die Beschränkungen hin, unter denen die genannten Rechte gelten.[71]

„Die Demokratie braucht urteilsfähige, verantwortungsbewusste und handlungsbereite – das heisst informierte – Menschen".[72] Diese Aufgabe kommt in erster Linie den Medien zu. In den Landespressegesetzen wird der Presse eine öffentliche Aufgabe zugeschrieben, „wenn sie in Angelegenheiten von öffentlichem Interesse Nachrichten beschafft, verbreitet, Stellung nimmt, Kritik übt oder auf andere Weise an der Meinungsbildung mitwirkt"[73]. Damit in einer vielschichtigen Gesellschaft ein Zusammenleben im demokratischen Sinne möglich wird, werden den Medien vor allem drei Funktionen zugeschrieben: Information, Meinungsbildung sowie Kritik- und Kontrolle. Im Laufe der Zeit haben die Massenmedien noch zahlreiche andere Funktionen übernommen, die vor allem in der Wirkungsforschung näher untersucht werden. Die Thematisierungsfunktion oder „agenda-setting-function" beispielsweise besteht darin, daß die Menschen vor allem die Themen für wichtig halten, die von den Medien aufgegriffen werden.[74]

---

[70] Grundgesetz der Bundesrepublik Deutschland, Artikel 5
[71] Vgl. Tonnemacher, Jan: Kommunikationspolitik in Deutschland. Eine Einführung. Konstanz 1996, S. 44
[72] Rudzio, Wolfgang: Das politische System der BRD. Opladen 1996, S. 469
[73] Landespressegesetz Baden-Württemberg, §3
[74] Meyn, Hermann: Massenmedien in Deutschland. Neuauflage 1999. Konstanz 1999, S. 31ff

Kritisiert wird dabei häufig, daß den Medien im demokratischen System zu viel Macht zukommt. „Die Massenmedien besitzen durch ihre Vermittlungsfunktion eine Schlüsselstellung im politischen Prozess. Sie bereiten alle wichtigen Entscheidungen der politischen Institutionen indirekt durch ihre Berichterstattung mit vor und definieren dadurch den Rahmen, in dem Entscheidungen als akzeptierbar und konsensfähig gelten."[75]

4.1.3 Wer ist ein Journalist?

Im Laufe der Nachkriegsjahre haben sich die Definitionen von Journalismus und Journalisten immer wieder gewandelt. 1965 schreibt Emil Dovifat in den Blättern zur Berufskunde der Bundesanstalt für Arbeit: Der Beruf des Journalisten braucht „eine künstlerische Begabung in der Persönlichkeit, verlange ein hohes Maß an opferbereitem Idealismus und moralischer Grundfestigkeit, größten Arbeitsanforderungen standhaltende Gesundheit, starke Nerven, (...) Beweglichkeit, gutes Sehen und Hören, keine Gehebehinderung, gepflegtes Äußeres."[76] Wolfgang Donsbach skizziert die Veränderungen der Definitionen des Berufsbildes, die der Deutsche Journalisten-Verband in seinen Mitgliederversammlungen vorgenommen hat, in drei Phasen: „1. Wandel der Vorstellung vom ´Begabungsberuf` zum Ausbildungs- und Qualifikationsberuf, 2. Inkorporation des sogenannten ´subsidären Journalismus`, also der Tätigkeiten in der Öffentlichkeitsarbeit, in das Berufsbild und 3. Anpassung der Tätigkeitsmerkmale und der möglichen Arbeitsorganisationen und -formen an die technischen und wirtschaftlichen Veränderungen in der Medienwelt."[77]

Die derzeit gültige Definition des journalistischen Berufsbildes des DJV von 1996 lautet:

„Journalistin/Journalist ist, wer nach folgenden Kriterien hauptberuflich an der Erarbeitung bzw. Verarbeitung von Informationen, Meinungen und Unterhaltung durch Medien mittels Wort, Bild, Ton und Kombinationen dieser

---

[75] Löwenthal, Gerhard: Aufgaben der Medien in einer Demokratie. In: „Die Zeit" vom 01.03.1997, S. 9
[76] Zitiert nach: Donsbach, Wolfgang: Journalismus und journalistisches Berufsverständnis. In: Wilke, Jürgen (Hrsg.): Mediengeschichte der Bundesrepublik Deutschland. Bonn 1999, S. 489
[77] Donsbach 1999, a.a.O., S. 490

Darstellungsmittel beteiligt ist: (1) Journalistinnen und Journalisten sind festangestellt oder freiberuflich tätig für Printmedien (Zeitungen, Zeitschriften, Anzeigenblätter oder aktuelle Verlagsproduktionen), Rundfunksender (Hörfunk und Fernsehen) und andere elektronische Medien (On- und Offline-Medien, sowie sie an publizistischen Ansprüchen orientierte Angebote und Dienstleistungen schaffen), Nachrichtenagenturen, Pressedienste, in Wirtschaft, Verwaltung und Organisationen (Öffentlichkeitsarbeit und innerbetriebliche Kommunikation) sowie in der medienbezogenen Bildungsarbeit und Beratung.

(2) Zu journalistischen Leistungen gehören vornehmlich die Erarbeitung von Wort- und Bildinformationen durch Recherchieren (sammeln und prüfen) sowie Auswählen und Bearbeiten der Informationsinhalte, deren eigenschöpferische medienspezifische Aufbereitung (Berichterstattung und Kommentierung), Gestaltung und Vermittlung, ferner disponierende Tätigkeiten im Bereich von Organisation, Technik und Personal. (3) Journalistinnen und Journalisten üben ihren Beruf aus als freiberuflich Tätige oder Angestellte eines Medienunternehmens bzw. im Bereich der Öffentlichkeitsarbeit eines Wirtschaftsunternehmens, einer Verwaltung oder einer Organisation..."[78]

4.2 Nach der „Stunde Null": Lizenzpolitik, vergebliche Absichten, „Vergangenheitsbewältigung"

Zwischen Juli 1945 und September 1949 lizenzierten die Westmächte insgesamt 156 neue Tageszeitungen. Während der Lizenzperiode durfte ohne besondere Erlaubnis der Militärregierungen in Deutschland nichts gedruckt werden. Wer eine Genehmigung besaß, hieß „Lizenzträger". In den Zonen der Amerikaner, Briten und Franzosen wurden Lizenzen – anders als in der Sowjetzone – nur an Einzelpersonen abgegeben. Von den Amerikanern wurde dabei das sogenannte „panel"-Modell favorisiert: Es wurden Herausgeberkollegien von drei oder mehr Männern – keine einzige Frau – bestellt, die unterschiedliche politische und weltanschauliche Ansichten hat-

---

[78] Deutscher Journalisten-Verband (Hrsg.): Berufsbild Journalist – Journalistin. Bonn 1996, S. 5

ten.[79] Die deutschen Rundfunksender wurden nach Kriegsende zunächst beschlagnahmt. Bei deren Wiederaufbau waren die Besatzungsmächte auf deutsche Mitarbeiter angewiesen. „Die meisten Rundfunkjournalisten der ´Stunde Null´ waren neu in diesem Metier. Mit bemerkenswertem Eifer und Elan bewältigten diese frischgebackenen Redakteure – in einer als materielle und geistige Wüste empfundenen Situation – die schwierige Aufgabe, ein unabhängiges und kritisches Programm auf die Beine zu stellen."[80] Insgesamt wird aber davon ausgegangen, daß der deutsche Journalismus nach dem Krieg keinen vollständigen personellen Neuanfang machte. Wolfgang Donsbach beziffert die Zahl derer, die bei einer Lizenzzeitung zu arbeiten anfingen und vorher bereits im Dritten Reich journalistisch tätig waren auf etwa 60 Prozent, während nur fünf Prozent ihre journalistische Tätigkeit unterbrochen hätten.[81] Norbert Frei begründet dies vor allem mit der Verzögerung, die ein pauschales Berufsverbot für alle in der NS-Zeit tätigen Journalisten für den Neuanfang bedeutet hätte.[82] Diese Kontinuität sorgt bis heute für hitzige Diskussionen, wie der Vorwurf an Rudolf Augstein zeigt, dem er sich anläßlich der Verleihung des Ludwig-Börne-Preises im November 2000 ausgesetzt sieht. Die taz wirft dem „Spiegel"-Herausgeber vor, die Karrieren ehemaliger NS-Größen beim „Spiegel" unterstützt zu haben.

Der Versuch der Briten und Amerikaner, nach dem Krieg eine weitgehend neutrale Presse durchzusetzen, scheiterte. Die Presseoffiziere und „Coaches" wurden beauftragt, den deutschen Redakteuren die Tradition eines faktenorientierten, unabhängigen Journalismus näher zu bringen.[83] Delegationen von Amerikanern und Briten reisten „mit missionarischem Eifer"[84] durch ganz Deutschland. Das Pressewesen der USA und Englands sollte als

---

[79] Vgl. Frei, Norbert: Die Presse. In: Benz, Wolfgang (Hrsg.): Die Geschichte der Bundesrepublik Deutschland. Band 4: Kultur. Frankfurt / Main 1989, S. 373ff
[80] Ebd., S. 420
[81] Vgl. Donsbach 1999, a.a.O., S. 493
[82] Vgl. Frei 1989, a.a.O., S. 377
[83] Vgl. Donsbach 1999, a.a.O., S. 496
[84] Frei 1989, a.a.O., S. 378

Vorbild für Deutschland gelten.[85] Traditionen aber lassen sich nicht problemlos übertragen, diese Erfahrung mußten die Besatzungsmächte bald machen. 1951 forderte der Vorsitzende des Deutschen Journalistenverbandes Erich Klabude eine Abkehr „von jenem Zeitungs- und Journalistentyp, den die Besatzungsmächte in Deutschland zu züchten versuchen"[86] und sein Nachfolger Helmut Cron plädierte für eine neue „Entfaltung der journalistischen Persönlichkeit"[87]. Das Prinzip der Trennung von Nachricht und Meinung sowie die Teilung der redaktionellen Arbeitsschritte wurde nie wirklich anerkannt. „Das Primat der Meinungen über die Fakten und die Definition des journalistischen Arbeitsprodukts als Ergebnis einer individuellen und ganzheitlichen Leistung blieben erhalten."[88]

Zum bestimmenden politischen Element der 1949 gegründeten Bundesrepublik wurde die Auseinandersetzung mit dem Nationalsozialismus. Einerseits wird zwar bestritten, daß eine „Vergangenheitsbewältigung" überhaupt stattgefunden hat, dennoch wird den Massenmedien eine wichtige Rolle bei der Aufarbeitung der Geschehnisse zugeschrieben.[89] Zum einen artikulierten die Medien die Argumente in der Diskussion, zum anderen stellt Jürgen Wilke auch eine primäre Funktion heraus, die auch Norbert Frei ausmacht: „Im Prozeß der Vergangenheitspolitik kam der veröffentlichten Meinung eine wesentliche, nicht selten aktiv mitgestaltende Rolle zu."[90] Auch zur Festigung der Demokratie wollten die Medien ihren Beitrag leisten. Rudolf Augstein schreibt zum Jahresende 1947 in seinem ersten „Lieber-Spiegel-Leser"-Brief:

„Mehr als einmal im vergangenen Jahr schlichen wir nach dem Umbruch Freitag morgens mit hängenden Ohren nach Hause und waren gerne be-

---

[85] Greuner, Reinhart: Lizenzpresse. Auftrag und Ende. Der Einfluss der anglo-amerikanischen Besatzungspolitik auf die Wiedererrichtung eines imperialistischen Pressewesens in Westdeutschland. Berlin 1962, S. 37
[86] Zitiert nach: Donsbach 1999, a.a.O., S. 496
[87] Ebd.
[88] Ebd.
[89] Vgl. Wilke, Jürgen: Massenmedien und Vergangenheitsbewältigung. In: Wilke, Jürgen (Hrsg.): Mediengeschichte der Bundesrepublik Deutschland. Bonn 1999, S. 649f
[90] Ebd., S. 650

reit, zu resignieren angesichts des unzulänglichen Produkts, das wir fabriziert hatten. Was uns dann aber wieder mit unserem SPIEGEL-Bastard versöhnte, war die Möglichkeit der Selbstironie. Sie, die der junge, alte weise André Gilde der Jugend und namentlich der deutschen Jugend empfohlen hatte, wollten und wollen wir heimisch machen in einem Volk, das in seiner Selbstbezichtigung genauso maßlos ist wie in seinem Dünkel und in seiner Verstocktheit. Wir hatten Gelegenheit, zu beweisen, daß wir mit dieser Selbstironie am wenigsten vor uns halt machen. Und so meinen wir, unser Scherflein zur demokratischen Erneuerung des deutschen Volkes beizutragen."[91]

Auch die vier Lizenznehmer der „Zeit", Richard Tüngel, Ewald Schmidt di Simoni, Gerd Bucerius und Lovis H. Lorenz, „waren besessen von der Idee, eine Zeitung zu machen"[92]. In seinem Buch über die Geschichte der „Zeit" schreibt Karl-Heinz Janßen: „Es war ein intellektueller Entschluss zum politischen und moralischen Engagement. Sie fühlten sich mitverantwortlich für die Not des Vaterlandes und sie wollten die Chance zu einem Neubeginn nutzen."[93]

Zu den Grundgedanken der alliierten Umerziehung gehörte, den Deutschen die Verbrechen der Nationalsozialisten vor Augen zu führen. Exemplarische Bedeutung kam dabei dem am 20. November 1945 in Nürnberg eröffneten Prozeß des Internationalen Militärgerichtshofs gegen die NS-Hauptkriegsverbrecher zu. Im Gerichtssaal wurden Sitze für Reporter reserviert und die Zeitungen erhielten zusätzliche Papierkontingente, um umfangreich über den Prozeß berichten zu können. Die Journalisten wurden wiederholt zu objektiver Berichterstattung angehalten.[94]

Von einer politischen Macht der Medien ist in den Anfangsjahren der Bundesrepublik noch wenig zu spüren. Die Menschen zogen sich in ihr privates Umfeld zurück, anstatt sich politisch zu engagieren. Das Fernsehen, das in diesen Jahren seinen Siegeszug antrat, verstärkte diese eher apolitische

---

[91] Zitiert nach: Brawand, Leo: Die SPIEGEL-STORY. Wie alles anfing. Düsseldorf u.a. 1987, S. 125
[92] Kuenheim, Haug von: Marion Dönhoff. Reinbek bei Hamburg 1999, S. 45
[93] Janßen, Karl-Heinz: Die Zeit in der ZEIT. 50 Jahre einer Wochenzeitung. Berlin 1995, S.10
[94] Vgl. Wilke 1999, a.a.O., S. 651f

Haltung. Peter von Zahn führte in seinen „Bildern aus der neuen Welt" beispielsweise dem Publikum amerikanische Geschirrspülmaschinen und Rasenmäher vor. Trotz der unpolitischen Inhalte sehen Jochen Hoffmann und Ulrich Sarcinelli darin aber einen möglichen Umweg von den amerikanischen Rasenmähern hin zu einer Legitimation der Westintegration, die Konrad Adenauer in diesen Jahren voran treiben wollte.[95]

4.3. Die sechziger Jahre: Politisierung von Gesellschaft und Journalismus

1962 endeten Zahns beschauliche Bilder. Die politischen Magazine etablierten sich: 1961 führte die ARD „Panorama" ein, 1963 das Auslandsmagazin „Weltspiegel". Themen wie Rassenunruhen, Neokolonialismus und später der Vietnamkrieg hatten die Rasenmäher abgelöst.[96] Waren die 50er Jahre dem Wiederaufbau und der Modernisierung gewidmet, wendete sich in den 60ern das Interesse verstärkt der Politik zu. Diese Jahre werden auch als die Zeit gesehen, in der sich die Journalisten von Staat und Politik emanzipierten. Die Medien sahen sich nun als gleichberechtigte, vierte Macht an, die eben so legitimiert war wie die drei klassischen Staatsgewalten. Zu dem ohnehin politisch-ideologischen Berufsverständnis der Journalisten kam eine „Widersacher-Rolle" zu den Kräften in Staat und Gesellschaft ins Spiel.[97] Erst jetzt wurde der Artikel 5 des Grundgesetzes in Form von Urteilen des Bundesverfassungsgerichts und durch die Landespressegesetze interpretiert. Den Journalisten wurde eine „öffentliche Aufgabe" (Vgl. Kapitel 4.1.2) zuerkannt. Den Bergriff verwendete das Bundesverfassungsgericht erstmals 1961. Anlaß war die Gründung der privatwirtschaftlich organisierten „Deutschland Fernsehen-GmbH" am 25. Juli 1960 durch die Bundesrepublik Deutschland, vertreten durch Bundeskanzler Konrad Adenauer und Bundesjustizminister Fritz Schäffer. Hans Bausch, Intendant des Süddeutschen Rundfunks griff am Tag der Unterzeichnung die Pläne mas-

---

[95] Vgl. Hoffmann, Jochen / Sarcinelli, Ulrich: Politische Wirkungen der Medien. In: Wilke, Jürgen (Hrsg.): Mediengeschichte der Bundesrepublik Deutschland. Bonn 1999, S. 722f
[96] Vgl. ebd., S. 725
[97] Vgl. Donsbach 1999, a.a.O., S. 498

siv an. Heftige Auseinandersetzungen endeten am 28. Februar 1961 im ersten Fernsehurteil des Bundesverfassungsgerichts. Darin wurde festgestellt, daß der Bund seine Kompetenzen überschritten habe und die Gründung der „Deutschland-Fernsehen-GmbH" unzulässig sei.[98]

4.3.1 Die „Spiegel"-Affäre

„Spiegel" – Herausgeber Rudolf Augstein nach seiner Verhaftung im Oktober 1962.

Aus: Wilke, Jürgen (Hrsg.): Mediengeschichte der Bundesrepublik Deutschland. Bonn 1999

Zu einem zentralen Schlüsselereignis für das Selbstverständnis deutscher Journalisten wurde die „Spiegel"-Affäre. In einem Beitrag vom 10. Oktober 1962 schilderte der „Spiegel" unter der Überschrift „Bedingt abwehrbereit" Einzelheiten des NATO-Manövers „Fallex 62" und stellte die Verteidigungsfähigkeit der Bundesrepublik in Frage. Einen Tag nach Auslieferung des Blattes leitete die Staatsanwaltschaft gegen den Herausgeber und einige Redakteure ein Vermittlungsverfahren wegen Landesverrats ein.

Rudolf Augstein wurde am 27. Oktober in Hamburg und Conrad Ahlers in Madrid verhaftet, eine Durchsuchung der „Spiegel"-Redaktionsräume angeordnet. „Ein Unglück ist geschehen, und es wird nie wieder werden wie

---

[98] Vgl. Kepplinger, Hans Mathias: Publizistische Konflikte. In: Wilke, Jürgen (Hrsg.): Mediengeschichte der Bundesrepublik Deutschland. Bonn 1999, S. 700

vorher,"⁹⁹ schrieb die F.A.Z. . Verteidigungsminister Franz Josef Strauß versicherte dem Bundestag, er habe mit der Verhaftung Ahlers in Spanien nichts zu tun. Als sich herausstellte, daß er das Parlament belogen hatte, mußte Strauß unter dem Druck der SPD-Opposition und der mitregierenden FDP im Dezember 1962 zurücktreten. Aus Mangel an Beweisen wurde das Verfahren gegen Augstein und Ahlers am 14. Mai 1965 eingestellt.[100] „Spätestens seit dieser Zeit konnte sich der `Spiegel` als `Sturmgeschütz der Demokratie` (Rudolf Augstein) fühlen, die Vorstellung von Politik und Medien als zwei sich antagonistisch gegenüberstehenden Blöcken wurde – nicht nur juristisch – Allgemeingut."[101]

4.3.2 Die 68er Bewegung

Prägend für Journalismus und Gesellschaft bleiben bis heute auch die Geschehnisse, die als 68er Bewegung in den Wortschatz eingingen. Im engeren Sinne sind damit die siebzehn Monate vom Mai 1967 bis zum November 1968 gemeint, von dem Protest gegen die Verletzung der Menschenrechte in Persien bis zur sogenannten Schlacht am Tegeler Weg. Als der Schah Mohammed Reza Pahlewi vom 27. Mai bis 4. Juni 1967 die Bundesrepublik besuchte, kam es zur ersten großen Auseinandersetzung zwischen der Außerparlamentarischen Opposition (APO) und dem sogenannten Establishment der Bundesrepublik Deutschland. Als der Student Benno Ohnesorg von einem Polizisten erschossen worden war, kam es am 2. Juni 1967 in Berlin und anderen Städten über Monate zu gewalttätigen Auseinandersetzungen zwischen der sich als Studentenbewegung verstehenden APO und der Staatsgewalt. Das Attentat auf den Studentenführer Rudi Dutschke am 11. April 1968 und der Tod des AP-Bildreporters Klaus Frings und eines Studenten in München verschärften die Lage.[102]

---

[99] Zitiert nach: Schöps, Joachim: Die Spiegel-Affäre des Franz Josef Strauß. Reinbek 1983, S. 23

[100] Vgl. Kepplinger 1999, a.a.O., S. 702

[101] Hoffmann / Sarcinelli 1999, a.a.O., S. 724

[102] Vgl. Sösemann, Bernd: Die 68er Bewegung und die Massenmedien. In: Wilke, Jürgen (Hrsg.): Mediengeschichte der Bundesrepublik Deutschland. Bonn 1999, S. 679f

Die Proteste richteten sich auch gegen die wirtschaftliche Konzentration im Pressewesen und der dadurch möglichen Manipulation. „Haut dem Springer auf die Finger!" skandierten die Demonstranten. Es folgten Aktionen gegen die Springer-Presse und Barrikadenkämpfe. Der „Spiegel" brachte zahlreiche Enthüllungsstories über den Springer-Verlag. Im Juli 1969 schreibt Augstein: „Das kapitalistische Pressesystem beruht auf dem unveräußerlichen Grundrecht jedes Kaufmanns, dumme Käufer aufzusuchen und noch dümmer zu machen."[103] Als sich die Große Koalition im Herbst 1969 auflöste, zerfiel die APO. Die Geschehnisse prägen die Bundesrepublik bis heute. So wird beispielsweise Anfang des Jahres 2001 die Rolle von heute ranghohen Politikern wie Außenminister Joschka Fischer bei damaligen Unruhen öffentlich diskutiert.

Die Wirkung der Ereignisse blieb auch bei vielen damaligen Journalisten nicht spurlos. „Die sich links der politischen Mitte einordnenden Journalisten und Medien zeigten sich sogleich und zumeist unkritisch fasziniert von den Vorgängen in und außerhalb der Universitäten: von der Kreativität des Spontanen, von dem Zauber des Paradoxen in seiner Verbindung von Witz und Lust, von Rationalität und moralischem Gewissen, von der Entlarvung des Pathetisch-Zeremoniellen in Politik und Gesellschaft in den Formen des `Happenings´."[104] Viele linksorientierte Journalisten hätten die Ansicht vertreten, daß es eine direkte Systemkontinuität zwischen dem Nationalsozialismus und der Bundesrepublik Deutschland gebe. Sebastian Haffner beispielsweise warf der Springer-Presse nach dem Tod Benno Ohnesorgs „Pogromhetze" vor und sprach von „Schreibtischtätern".[105] Die Berichterstattung des „Stern" wird als „politisch konsequent eindimensional" zugunsten der Studierenden bezeichnet.[106]

Journalisten auf dem rechten politischen Spektrum wandten sich dagegen scharf gegen jede Bezeichnung der BRD als faschistischen Staat. Als „Wirr-

---

[103] Greiwe, Ulrich: Augstein. Berlin 1994, S. 113
[104] Sösemann 1999, a.a.O., S. 683
[105] Vgl. ebd., S. 686
[106] Vgl. ebd., S. 689

köpfe", „Unruhestifter" und „Polit-Gammler" bezeichneten vor allem die Springer-Blätter die rebellierenden Studenten.[107]

In publizistischen Konflikten wie in den Auseinandersetzungen um das „Adenauer-Fernsehen", der „Spiegel"-Affäre oder den Geschehnissen um die 68er-Bewegung, sieht Hans Mathias Kepplinger zwei mögliche Rollen der Medien: die des Beobachters und die des Akteurs, der durch die Berichterstattung aktiv in das Geschehen eingreift. Zum einen kann diese Einflußnahme durch die Entscheidung für oder gegen die Berichterstattung und zum anderen durch die Bewertung des Geschehens in Kommentaren und Glossen passieren.[108]

4.3.3 Ost-West-Politik

Die deutsche Teilung beschäftigte die Gesellschaft und den Journalismus über die Jahrzehnte hinweg. Als im Herbst 1949 Konrad Adenauer erster Bundeskanzler der Bundesrepublik wurde, erklärte er als oberstes Ziel seiner Politik die Einbindung Deutschlands in die atlantische Sicherheitsgemeinschaft. 1955 trat Deutschland der NATO bei. Adenauers Mißtrauen gegen Moskau war so groß, daß er 1952 zusammen mit den westlichen Mächten das Angebot Stalins ablehnte, Deutschland bis zur Oder-Neiße-Linie unter Neutralitätsstatus wiederzuvereinigen.[109]

Adenauers Politik stieß auf heftigen Widerstand bei Journalisten wie Rudolf Augstein, Paul Sethe, Gräfin Dönhoff und Henri Nannen. Themen wie Wiederbewaffnung, Westintegration und Wiedervereinigung führten immer wieder zu Konflikten, die via Medien ausgetragen wurden. Adenauers Verhältnis zu den Medien war von Anfang gespannt. Er vermutete hinter der Lizenzpolitik der Briten eine Parteinahme für die Sozialdemokratie. Auch seine Wünsche nach einer starken Parteipresse erfüllten sich nicht. Außerdem kritisierte Adenauer immer wieder die „überzogenen Erwartungen der

---

[107] Vgl. Frei 1989, Seite 401
[108] Vgl. Kepplinger 1999, a.a.O., S. 717
[109] Presse- und Informationsamt der Bundesregierung (Hrsg.): 50 Jahre Bundesrepublik Deutschland. Frankfurt/Main 1999, S. 71

Journalisten".[110] Der „Spiegel" war für ihn ein „Schmierblatt", der „Stern" „sehr minderwertig".[111]

Auf fruchtbaren Boden fiel die sogenannte „neue Ostpolitik" unter Bundeskanzler Willy Brandt bei vielen Journalisten wie eben Augstein, Gaus, Nannen oder Dönhoff, die offen dafür Partei ergriffen. Bonn schloß nun mehrere Verträge mit der DDR. So wurde im August 1970 in Moskau der Vertrag über Gewaltverzicht und die Anerkennung des Status quo unterzeichnet. Am 7. Dezember des gleichen Jahres folgte die Unterzeichnung des Warschauer Vertrages, in dem die Unverletzlichkeit der Oder-Neiße-Linie bekräftigt wurde.[112]

4.4 Die siebziger Jahre: Privatismus und Professionalisierung

Es wird vermutet, daß nach der Politisierung der Medien in den Sechzigern eine Politisierung der Gesellschaft stattfand. Unerfüllte Forderungen wiederum führten dann in den Siebzigern zu einer Politikverdrossenheit und zu einem neuen Privatismus.[113] Auch auf die Medien hatte dieser Rückzug Einfluß. Wurde der Machtgewinn in den Sechzigern noch begrüßt, meldeten sich nun kritische Stimmen. Die Medien hatten sich als vierte Macht hervorgetan, nun wurde „nach ihrer Fähigkeit, die ihr demokratietheoretisch zugeschriebene Kontrollfunktion auch wahrzunehmen"[114] gefragt.

Es vermehrten sich die Rufe nach einer Professionalisierung des journalistischen Berufes, da die Journalisten als politisch einflußreiche Gruppe erkannt wurden. Mit ihrer Theorie der Schweigespirale brachte die Meinungsforscherin Elisabeth Noelle-Neumann die knappe Niederlage der Unionsparteien bei der Bundestagswahl 1972 und 1976 in Verbindung. So seien die meisten Journalisten des öffentlich-rechtlichen Rundfunks von einem Wahlsieg der sozialliberalen Koalition überzeugt gewesen. Diese

---

[110] Vgl. Küsters, Hanns Jürgen: Konrad Adenauer, die Presse, der Rundfunk und das Fernsehen. In: Hase, Karl-Günther von (Hrsg.): Konrad Adenauer und die Presse. Rhöndorfer Gespräche. Band 9. Bonn 1988, S. 17f
[111] Vgl. ebd., S. 21
[112] Vgl. Presse- und Informationsamt der Bundesregierung (Hrsg.) 1999, a.a.O., S. 75f
[113] Vgl. Hoffmann / Sarcinelli 1999, a.a.O., S. 728
[114] Frei, 1989, a.a.O., S. 399

Überzeugung habe sich auf die Zuschauer übertragen. Sie erklärte dieses Verhalten mit Isolationsfurcht, also mit der Angst, zur Minderheit zu gehören.[115]

Bereits in den Sechzigern wurde das Problem in den USA diskutiert. Dort wurden angehende Journalisten in den „Journalism Schools" der amerikanischen Hochschulen ausgebildet. Die Diskussion schwappte auch auf Deutschland über. Hinzu kam die Einsicht, daß die Ausbildung für Journalisten eher bescheiden ist. Die Folge der Diskussionen waren eine größere Vielfalt an Ausbildungsangeboten.[116]

4.5 Die achtziger Jahre und neunziger Jahre: Kommerzialisierung, Wiedervereinigung, ungewisse Zukunft

Die achtziger Jahre brachten erneut erhebliche Veränderungen für den Journalismus mit sich. Im sogenannten dritten Rundfunkurteil vom 16. Juni 1981 bestätigte das Bundesverfassungsgericht die grundsätzliche Vereinbarkeit von privatem Rundfunk mit dem Grundgesetz. Mit der Aufhebung des öffentlich-rechtlichen Monopols und der Einführung des privaten Rundfunks wurde die Duale Rundfunkordnung geschaffen. Die Zahl der Fernsehprogramme stieg von zehn Anfang der Achtziger auf derzeit etwa 100 an. Die Kommunikations- und Informationsbranche gilt bis heute als eine der vorrangigen Wachstumsbranchen. Vor allem die Zahl der Stellen in der Öffentlichkeitsarbeit steigt weiter drastisch an.[117]

Bei den Geschehnissen des Jahres 1989, die schließlich 1990 zur Wiedervereinigung der beiden deutschen Staaten führte, wird den Medien eine wesentliche Rolle zugeschrieben. Beate Schneider führt dafür Schlagworte wie „Medien-Wende" oder „Medienrevolution" an.[118] In welche Richtung sich der Journalismus in den nächsten Jahren entwickeln wird, ist noch

---

[115] Vgl. Noelle-Neumann, Elisabeth: Öffentliche Meinung. Die Entdeckung der Schweigespirale. Erweiterte Ausgabe. Frankfurt am Main/Berlin 1996
[116] Vgl. Donsbach 1999, a.a.O., S. 501f
[117] Vgl. ebd., S. 505
[118] Vgl. Schneider, Beate: Massenmedien im Prozeß der deutschen Vereinigung. In: Wilke, Jürgen (Hrsg.): Mediengeschichte der Bundesrepublik Deutschland. Bonn 1999, S. 602

nicht abzusehen. Während die einen vor allem angesichts der vielfältigen Möglichkeiten, die das Internet für den Rezipienten eröffnet, die These vom Ende des Journalismus vertreten, sind sich andere sicher, daß aufgrund der Informationsflut die Selektions- und Präsentationsleistungen der Journalisten noch weiter an Bedeutung gewinnen.[119] Der Ausblick am Ende der Arbeit kommt darauf zurück.

4.6 Frauen im Journalismus

Als die Journalisten für die anschließende Inhaltsanalyse ausgewählt wurden, sollte dies eine möglichst ausgewogene Auswahl sein: Sie sollten bei verschiedenen Medien gearbeitet haben, verschiedene politische Anschauungen und – so war es zumindest angedacht – die Verteilung der Geschlechter sollte ausgeglichen sein. Daraus wurde leider nichts. Große Karrieren von Journalistinnen blieben die Ausnahme.

Dabei war die Situation nach dem Krieg vielversprechend. Die Frauen waren politisch meist unbelastet. Außerdem kehrten viele Männer nicht gleich nach dem Ende des Krieges zurück. Vor allem in den neuen Rundfunkanstalten konnten die Journalistinnen relativ leicht auch leitende Positionen erreichen.[120] Zufall und Glück taten ihr Übriges. Eher zufällig geriet auch Gräfin Dönhoff mit den Herausgebern der „Zeit" in Kontakt. Im Sommer 1945 hatte sie zwei Memoranden verfaßt, in denen sie beschrieb, wie sie sich die Zukunft Deutschlands vorstelle. Den britischen General, an den sie adressiert waren, erreichten die Schriftstücke nicht, dafür die Herausgeber der „Zeit". Ohne journalistische Erfahrung trat sie 1946 in die Redaktion ein, wurde 1968 Chefredakteurin und 1972 Herausgeberin der „Zeit".

60-Stunden-Wochen waren damals für die Journalistinnen keine Seltenheit, besondere Rücksicht auf die Frauen wurde nicht genommen. Dies eröffnete ihnen aber auch die Möglichkeit, in Arbeitsbereiche vorzustoßen, die ih-

---

[119] Vgl. Wilke, Jürgen: Zukunft Multimedia. In: Wilke, Jürgen (Hrsg.): Mediengeschichte der Bundesrepublik Deutschland. Bonn 1999, S. 769f

[120] Vgl. Neverla, Irene/Kanzleiter, Gerda: Journalistinnen. Frauen in einem Männerberuf. Frankfurt/Main 1984, S. 142f

nen zuvor verschlossen waren.[121] „Liebenswürdigkeit, rasche Auffassungsgabe und eine gewisse Fähigkeit plastischer Darstellung des Gegenständlichen wie der begleitenden emotionellen Momente machen weibliche Journalisten für einen großen Teil des Aufgabenbereichs der Zeitung besonders geeignet."[122] Diese 1954 gemachte Aussage über eine rosige Zukunft für Journalistinnen hat sich nicht erfüllt. Nach wenigen Jahren, als viele Männer zurückkehrten, mußten die Frauen vor allem in den klassischen Männerressorts wie Politik oder Wirtschaft wieder weichen. Nur wenige konnten sich behaupten. So wurde beispielsweise die damalige WDR-Redakteurin Carola Stern auf der KSZE-Konferenz in Helsinki für ein Gaderobenfräulein gehalten.[123]

Oft boten nur Frauenzeitschriften und der Frauenfunk weiterhin Beschäftigungsmöglichkeiten.[124] Hinzu kamen Kampagnen gegen das „Doppelverdienertum": Hatte eine Journalistin einen Kollegen geheiratet, mußte sie damit rechnen, entlassen zu werden.[125] Im Zuge der zweiten Frauenbewegung seit Anfang der Siebziger wurden die Beschränkungen für Frauen teilweise wieder gelockert. Die Beschäftigungs- und Aufstiegschancen für Journalistinnen erreichten aber bis heute nicht mehr das Niveau der ersten Nachkriegsjahre.[126] Kunczik macht auch das Fehlen von weiblichen Vorbildern im Journalismus und eine mögliche Angst vor dem Erfolg für die Situation verantwortlich: „Im Falle des Erfolgs in für Frauen nicht typischen Berufen erwarten Frauen vielfach soziale Ablehnung."[127]

Auch zur Jahrtausendwende ist der Journalismus noch eine Domäne der Männer, wie neuere Studien beweisen: In westdeutschen Redaktionen be-

---

[121] Vgl. Klaus, Lissi: „Als Frau hatte man es natürlich leichter, natürlich schwerer." In: Klaus, Lissi u.a. (Hrsg.): Medienfrauen der ersten Stunde. „Wir waren ja die Trümmerfrauen in diesem Beruf". Zürich/Dortmund 1993, S. 200

[122] Zitiert nach: Kunczik 1989, a.a.O., S. 170

[123] Vgl. Steen, Uta van: Der große Unterschied. In: „Spiegel"-Special: Die Journalisten. Nr. 1/1995, S. 149

[124] Vgl. Sitter, Carmen: „Die eine Hälfte vergißt man(n) leicht!" Zur Situation von Journalistinnen in Deutschland. Pfaffenweiler 1998, S. 267f

[125] Vgl. ebd., S. 318

[126] Vgl. ebd., S. 268

[127] Kunczik 1989, a.a.O., S. 171

trägt der Frauenanteil rund ein Viertel, in Ostdeutschland mehr als ein Drittel. Vor allem in leitenden Positionen sind Frauen unterrepräsentiert. Trotz gleicher oder sogar besserer Qualifikation verdienen Frauen noch immer weniger als ihre männlichen Kollegen in vergleichbarer Position.[128] Eine Steigerung des Technikeinsatzes wird als mögliche Gefahr für eine erneute Ausgrenzung von Frauen gesehen.[129]

---

[128] Vgl. Schneider, Beate / Schönbach, Klaus / Stürzebecher, Dieter: Journalisten im vereinigten Deutschland. Strukturen, Arbeitsweisen und Einstellungen im Ost-West-Vergleich. In: Publizistik. 38. Jahrgang 1993, S. 359ff

[129] Vgl. Weischenberg, Siegfried / Altmeppen, Klaus-Dieter / Löffelholz, Martin: Die Zukunft des Journalismus. Technologische, ökonomische und redaktionelle Trends. Opladen 1994, S. 205

5. ANLAGE UND METHODISCHE DURCHFÜHRUNG DER UNTERSUCHUNG

Nachdem einige theoretische Grundlagen geklärt sind und ein Überblick über die Rahmenbedingungen des deutschen Journalismus nach 1945 gegeben wurde, werden in diesem Abschnitt Methodik und Anlage der Arbeit vorgestellt. Zunächst geht es um das Instrument der Inhaltsanalyse, insbesondere den Ablauf der vorliegenden Arbeit sowie die Auswahl des Untersuchungsgegenstandes. Kurze Portraits der zehn ausgewählten Journalisten schließen sich an. Am Ende dieses Kapitels werden die Forschungsfragen vorgestellt und gezeigt, wie diese entwickelt wurden.

5.1 Die Inhaltsanalyse

Als Methode wurde die Inhaltsanalyse gewählt. Presseartikel sollen Aufschluß über die Gründe des Erfolgs von Journalisten geben. Es geht somit um die Erfassung und Interpretation bestimmter Textinhalte. Klaus Merten bezeichnet die Inhaltsanalyse als „Methode zur Erhebung sozialer Wirklichkeit, bei der von Merkmalen eines manifesten Textes auf Merkmale eines nicht-manifesten Kontextes geschlossen wird"[130].

Die vorliegende Inhaltsanalyse stützt sich auf quantitative und qualitative Ergebnisse.

Bei der quantitativen Inhaltsanalyse geht es darum, die Häufigkeit bestimmter Merkmalsausprägungen in einem Text festzustellen. „Quantitative Verfahren (...) streben Erkenntnisse an, bei denen ´isolierte` Daten und Fakten gefunden werden, die möglichst frei von allen störenden Nebeneffekten, wie sie in der Alltagsrealität vorhanden sind, bestimmte Zusammenhänge, kausale Verknüpfungen usw. nachweisen. Dagegen berufen sich qualitative Verfahren auf die Erkenntnis der Sozialwissenschaften, daß menschliche Wirklichkeit (...) vielfältig und komplex konstituiert wird."[131] Die quantitati-

---

[130] Merten, Klaus: Inhaltsanalyse. Einführung in Theorie, Methode und Praxis. 2. verb. Auflage, Opladen 1995, S. 15

[131] Zitiert nach: Mayring, Philipp: Qualitative Inhaltsanalyse. Grundlagen und Techniken. Weinheim 1993, S. 18

ve Analyse zielt darauf ab, Aussagen in einem Text systematisch anhand spezifischer Fragestellungen zu interpretieren. Gerade bei komplexerem Material wird eine Kombination aus quantitativer und qualitativer Auswertung empfohlen[132], wobei die beiden Verfahrensweisen schwer voneinander zu trennen sind. Bei der vorliegenden Arbeit sollen quantitative und qualitative Ergebnisse einander ergänzen.

Aus den Forschungsfragen wurden zunächst inhaltliche Hauptkategorien abgeleitet, die in ein Codebuch umgesetzt wurden. Die einzelnen Kategorien wurden definiert, Ankerbeispiele und Kodierregeln formuliert. Ziel der quantitativen Analyse war es, einen Überblick darüber zu erhalten, wie häufig eine Kategorie angesprochen wird. Bei den inhaltlichen Variablen beschränkten sich die Merkmalsausprägungen deshalb auf „Ja" für „angesprochen" und „Nein" für „nicht angesprochen". Bei einem ersten Materialdurchlauf wurden die Fundstellen farbig – je nach angesprochener Kategorie – markiert. Hier trennte sich dann das quantitative vom qualitativen Verfahren. Während quantitativ die Häufigkeit einer angesprochen Kategorie erfaßt wurde, zielte ein zweiter Materialdurchlauf darauf ab, die Fundstellen qualitativ zu untersuchen. Getrennt nach Journalisten und Kategorien wurden die Textstellen teils als Zitate, teils als Paraphrasen aus Gründen der Übersichtlichkeit in Tabellen übertragen. Diese Textstellen wurden schließlich generalisiert, zusammengefaßt und interpretiert.

An einem Beispiel veranschaulicht, wurde also zunächst qualitativ erfaßt, ob in dem Artikel überhaupt eine Vorbildfunktion der Journalisten angesprochen wurde. Dadurch läßt sich ablesen, welcher Stellenwert der Vorbildfunktion in der Berichterstattung gegeben wird. Die qualitative Inhaltsanalyse dagegen sammelt die Aussagen über die Vorbildfunktion, faßt sie zusammen und interpretiert sie. Im Anhang findet sich ein Beispielartikel (S. 127), bei dem die Fundstellen entsprechend farbig markiert sind. Auch Ausschnitte aus den Tabellen, in denen die Textstellen zusammengefaßt wurden, werden aufgeführt (S. 131).

---

[132] Vgl. Schreiber, Norbert: Wie mache ich Inhaltsanalysen? Vom Untersuchungsplan bis zum Ergebnisbericht. Frankfurt/Main 1999, S. 150f

Abbildung 3: Ablaufmodell der Inhaltsanalyse

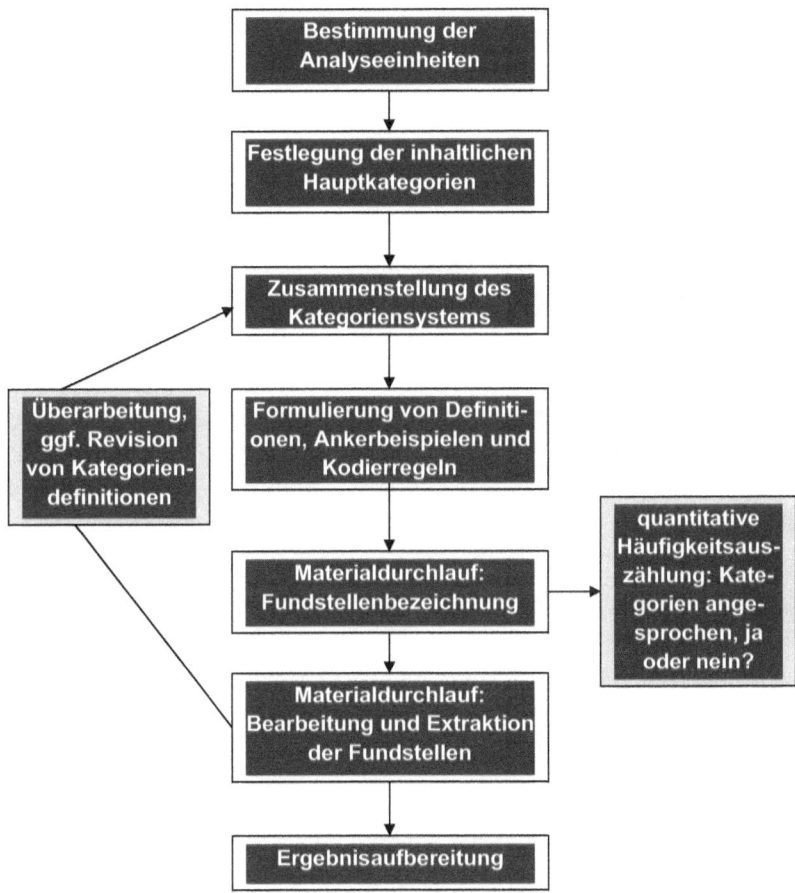

Quelle: Mayring, Phillipp: Qualitative Inhaltsanalyse. Grundlagen und Techniken. Weinheim 1993, S. 78f

Ein Pretest und die ständige Rücküberprüfung des Kategoriensystems während der Untersuchung tragen den Gütekriterien der Validität (Gültigkeit) und Reliabilität (Zuverlässigkeit) Rechnung. Reliabilität beschreibt die „Stabilität und Genauigkeit der Messung sowie der Konstanz der Meßbedingungen"[133]. Bei einem Reliablitätstest wird überprüft, ob ein zweiter

---

[133] Friedrichs, Jürgen: Methoden empirischer Sozialforschung. Reinbek 1973, S. 102

Durchgang zu denselben Ergebnissen führt. Validität bezieht sich darauf, „ob das gemessen wird, was gemessen werden sollte"[134] und kann unter anderem durch einen Vergleich mit Untersuchungsergebnissen, die in engem Zusammenhang mit der eigenen Fragestellung stehen und von deren Gültigkeit man überzeugt ist, überprüft werden.

5.2 Das Untersuchungsmaterial

Daß die Grundlage der Analyse die Berichterstattung über bedeutende Journalisten der Nachkriegsjahrzehnte in der Presse sein soll, stand schnell fest. Problematischer dagegen gestaltete sich die Auswahl der Journalisten. Zunächst sollten die Journalisten einer Generation angehören. Für den Begriff „Generation" wird im Wesentlichen zwischen drei Hauptbedeutungen unterschieden: die Abfolge von Nachkommen, eine beliebig eingegrenzte Alterskategorie und die Schicksalsgemeinschaft Gleichaltriger.[135] Hier soll der Begriff eine Alterskategorie bezeichnen. Ausschlaggebend ist dabei das Alter der Journalisten zum Zeitpunkt der Klassifikation. Die Journalisten waren bis zum 31. Dezember 2000 zwischen 70 und 95 Jahre alt, bzw. wären es, wenn sie noch am Leben wären. Ferner stellen die Journalisten auch eine Schicksalsgemeinschaft dar. Es wird davon ausgegangen, daß die Angehörigen der Nachkriegsgeneration von denselben historischen und gesellschaftlichen Ereignissen geprägt wurden, auch wenn sich daraus unterschiedliche Einstellungen entwickelt haben.[136]

Außerdem haben die ausgewählten Journalisten allesamt bei renommierten, überregionalen Medien gearbeitet. Jeder von ihnen wird von weitgehend unabhängigen Quellen wie dem Munzinger Archiv als bedeutend eingestuft. Natürlich sieht sich eine solche Auswahl immer dem Vorwurf der Subjektivität, vielleicht sogar der Willkür, ausgesetzt. Allerdings erhebt die Auswahl keinen Anspruch auf Vollständigkeit, sondern will als exemplarischer Querschnitt verstanden sein.

---

[134] Ebd., S. 100

[135] Vgl. Ehmig, Simone Christine: Generationenwechsel im deutschen Journalismus. Zum Einfluss historischer Ereignisse auf das journalistische Selbstverständnis. München 2000, S. 14

[136] Vgl. ebd., S. 16f

Bei der Auswahl war außerdem von Bedeutung, daß die Journalisten bei Presse und Rundfunk etwa im gleichen Ausmaß tätig waren, bzw. sind. Ferner wurde beabsichtigt, durch das Personenspektrum verschiedene politische Positionen, verschiedenes Aufgabenverständnis und verschiedene Tätigkeitsmerkmale zu erfassen. Um Vergleiche ziehen zu können, wurden zu jedem Journalisten mindestens fünf Artikel untersucht. Dieser Wert wurde bei drei Journalisten gerade erreicht, bei der Mehrheit aber klar überschritten. Somit fiel die Wahl auf zehn Journalisten, deren Arbeit viele Facetten des Journalismus nach 1945 zeigt: Rudolf Augstein, Marion Gräfin Dönhoff, Günter Gaus, Sebastian Haffner, Claus Jacobi, Erich Kuby, Henri Nannen, Gerd Ruge, Carola Stern und Peter von Zahn.

Bereits an dieser Stelle sollen diese Journalisten portraitiert und deren Auswahl kurz begründet werden. Dadurch soll sicher gestellt werden, daß sich die Ergebnisse der Analyse nicht mit der Aufarbeitung der Biographien vermengen und somit der Unterschied schwer erkennbar wird. Bei den Portraits der Journalisten wurde ausschließlich auf das Munzinger Archiv zurückgegriffen, um eine weitgehend neutrale Darstellungen zu gewährleisten.

5.2.1 Portraits der ausgewählten Journalisten

Rudolf Augstein[137]

Am 5. November 1932 wurde Rudolf Augstein als sechstes von sieben Kindern eines katholischen Fotokaufmanns in Hannover geboren. Nach dem Abitur am humanistischen Kaiserin-Auguste-Victoria-Gymnasium in Hannover im Jahr 1941 sammelte er als Volontär erste journalistische Erfahrungen beim „Hannoverschen Anzeiger". In den Jahren 1942 bis 1945 war er zunächst Kanonier, danach Artilleriebeobachter an der Ostfront bis er 1945 in amerikanische Gefangenschaft geriet. Die Absicht, Germanistik zu studieren, gab er auf. Nach Ende des Krieges arbeitete er als Journalist beim „Hannoverschen Nachrichtenblatt".

---

[137] Vgl. Munzinger Archiv/ Internationales biographisches Archiv: Rudolf Augstein. Loseblattsammlung, Ravensburg 45/99

Im November des Jahres 1946 wurde Augstein Deutschland-Ressortchef bei dem Nachrichtenmagazin „Diese Woche", das unter britischer Leitung gegründet wurde. Die Militärregierung kritisierte bald den „respektlosen Ton" des Magazins, die britischen Presseoffiziere zogen sich zurück. Am 4. Januar 1947 übernahm Augstein im Alter von 23 Jahren zusammen mit dem Fotografen Roman Stempka und dem Kaufmann Gerhard R. Barsch als Lizenzträger „Diese Woche" von den Briten. Rudolf Augstein nannte das Nachrichtenmagazin „Der Spiegel", die erste Ausgabe erschien mit einer Auflage von 15 500 Exemplaren. 1952 zog „Der Spiegel" von Hannover nach Hamburg um, 1969 wurde Augstein Alleineigentümer, vier Jahre später gingen 50 Prozent an die Mitarbeiter über.

In den 1950er und 60er Jahren verstand sich der „Spiegel" als „Sturmgeschütz der Demokratie", der immer wieder innenpolitische Skandale aufdeckte. Zu den bekanntesten zählen die Beleidigungssache „Zind" (1957/1958), der Fall „Kilb" (1958), die Lauschaffäre Traub und die Fibag-Affäre, bei der Franz Josef Strauß ein betrügerisches Bauprojekt für die amerikanischen Besatzungsstreitkräfte unterstützt haben soll. Konrad Adenauer und Franz Josef Strauß wurden allmählich zum erklärten politischen Gegner. Vor allem die Bemühungen um eine Aussöhnung mit Frankreich und die konsequente Westintegration des Bundeskanzlers waren Augstein ein steter Dorn im journalistischen Auge. Unter dem Pseudonym Jens Daniel schrieb Augstein etwa 150 meist bissige Kommentare, in denen er Adenauers Politik kritisierte. Der letzte erschien am 24. April 1967 – ein Nachruf auf Konrad Adenauer, in dem Augstein ihm eine Politik der verpaßten Chancen vorwarf. Augstein unterstützte die Ostpolitik von Willy Brandt und setzte sich für die Wiedervereinigung Deutschlands ein. Selbst politisch aktiv wurde er in der FDP, für die er 1972 kurzzeitig sogar im Bundestag saß.

Erste ernstzunehmende Konkurrenz bekam der „Spiegel" Anfang 1993 mit dem Magazin „Focus" aus dem Hause Hubert Burda. Bereits ein Jahr später hatte es den „Spiegel" an Umfang übertroffen. Auch im Anzeigengeschäft bekam der „Spiegel" die Konkurrenz zu spüren. „Focus" kommt im Schnitt auf rund 5,7 Millionen Leser, der „Spiegel" auf 5,54 Millionen. Rudolf Augstein wurden zahlreiche Preise verliehen. Außerdem versuchte er sich an historischen Büchern wie „Deutschland – ein Rheinbund?"(1953), und „Preußens Friedrich und die Deutschen" (1968).

Rudolf Augstein wurde in die Analyse einbezogen, weil sein Name und das von ihm geschaffene Nachrichtenmagazin „Der Spiegel" eng mit der Geschichte der Bundesrepublik verbunden sind und er als einer der wirkungsmächtigsten deutschen Journalisten überhaupt gilt. Vom „Medium Magazin" wurde er zum „Journalisten des Jahrhunderts" gewählt.

Marion Gräfin Dönhoff [138]

Marion Hedda Ilse Gräfin Dönhoff wurde am 2. Dezember 1909 auf dem Familiensitz Schloß Friedrichstein in Ostpreußen geboren. Sie ist die Tochter von August Karl Graf Dönhoff, der Mitglied des preußischen Herrenhauses und Reichstagsabgeordneter war. Ihre Mutter war Palastdame der Kaiserin Auguste Viktoria. Marion Gräfin Dönhoff machte in Potsdam Abitur und studierte Volkswirtschaft in Frankfurt/Main. Nach der Machtergreifung der Nationalsozialisten im Jahre 1933 ging sie nach Basel und schloß dort ihre akademische Ausbildung ab. Früh zeigte sie ihre Abneigung gegen das nationalsozialistische Regime. Sie verteilte Flugblätter gegen die Nationalsozialisten und wurde bald als „rote Gräfin" bekannt. Nach mehreren Auslandsreisen kehrte sie 1937 nach Deutschland zurück und führte in den Jahren 1940 bis 1945 das Doppelleben einer regimetreuen Gräfin und Widerstandskämpferin. Ende Januar 1945 mußte sie zu Pferd aus Ostpreußen fliehen. Ihre Flucht beschrieb sie 1962 in dem Bestseller „Namen, die keiner mehr nennt".

Nach Ende des Krieges schrieb sie zwei Memoranden an die britischen Besatzungskräfte. 1946 wurden eher zufällig die Herausgeber der Hamburger Wochenzeitung „Die Zeit" auf die Verfasserin aufmerksam. 1946 trat sie in die Redaktion ein, 1968 wurde Marion Gräfin Dönhoff Chefredakteurin der „Zeit", vier Jahre später Herausgeberin.

Sie trat für eine versöhnende Ostpolitik und die Wiedervereinigung ein. Das führte zu heftigen Konflikten mit Konrad Adenauer. 1955 beteiligte sie sich an der Gründung der „Deutschen Gesellschaft für Auswärtige Politik", deren Vizepräsidentin sie bis 1981 war. 1971 wurde sie für ihre Verdienste um die Aussöhnung mit Polen mit dem Friedenspreis des Börsenvereins

---

[138] Vgl. Munzinger Archiv/Internationales biographisches Archiv: Marion Gräfin Dönhoff. Loseblattsammlung, Ravensburg 12/00

des deutschen Buchhandels ausgezeichnet. Sie schrieb zahlreiche Bücher, deren Inhalt meist im Zusammenhang mit ihrer preußischen Abstammung und der Aussöhnung mit dem Osten steht.

Marion Gräfin Dönhoff wurde aus verschiedenen Gründen ausgewählt. Durch ihre langjährige Tätigkeit bei der „Zeit" ist sie aus der Presselandschaft der Bundesrepublik nicht wegzudenken. Die Auseinandersetzung mit der Vergangenheit, das Bemühen um eine Festigung der Demokratie und das Engagement für eine Aussöhnung mit dem Osten – in ihrer Arbeit und in ihrem Leben spiegelt sich die Geschichte der Bundesrepublik. Außerdem ist sie eine der wenigen Frauen, die über Jahrzehnte hinweg den deutschen Journalismus mitgeprägt haben.

Günter Gaus [139]

Als Sohn eines Kaufmanns wurde Günter Kurt Willi Gaus am 23. November 1929 in Braunschweig geboren. Nach dem Abitur studierte er Geschichte und Germanistik in München. In den Jahren 1953 bis 1965 war er als politischer Redakteur bei verschiedenen Tages- und Wochenzeitungen tätig, so bei der „Deutschen Zeitung und Wirtschaftszeitung", beim „Spiegel" und bei der „Süddeutschen Zeitung". Dort machte er vor allem durch seine Politikerportraits auf sich aufmerksam. Neben seiner Tätigkeit bei der „Süddeutschen Zeitung" arbeitete er regelmäßig beim Zweiten Deutschen Fernsehen mit. Am 10. April 1963 strahlte das ZDF seine erste Sendung der Interviewreihe „Zur Person – Porträts in Frage und Antwort" aus. Sein erster Interviewpartner war der damalige Bundeswirtschaftsminister Ludwig Erhard. Bald war Gaus als „der bekannteste Hinterkopf der Nation" in aller Munde, weil der Zuschauer ihm bei den Interviews über die Schulter blicken konnte. Am 9. April 1965 wurde Gaus zum Programmdirektor und stellvertretenden Intendanten des Südwestfunks gewählt, blieb aber weiterhin als Kommentator fürs Fernsehen tätig.

Seine TV-Interviews setzte er 1966 mit der Reihe „Zu Protokoll" fort, außerdem moderierte und leitete er das neue TV-Nachrichtenmagazin „report". 1969 wechselte er als Chefredakteur zum „Spiegel", wo er zum

---

[139] Vgl. Munzinger Archiv/Internationales biographisches Archiv: Günter Gaus. Loseblattsammlung, Ravensburg 44/96

wichtigen journalistischen Befürworter der von Bundeskanzler Willy Brandt und Egon Bahr initiierten Ostpolitik wurde. Vier Jahre später wurde Gaus zum Staatssekretär im Bundeskanzleramt ernannt, nach Inkrafttreten des Grundlagenvertrags zum Ständigen Vertreter der Bundesrepublik in der DDR. Als „Chefunterhändler" handelte er insgesamt 17 Abkommen mit der DDR aus. 1976 tritt Gaus in die SPD ein, fünf Jahre später löste ihn Klaus Bölling als Ständiger Vertreter der Bundesrepublik ab.

Seitdem arbeitete Günter Gaus verstärkt journalistisch und publizistisch. In seinen Büchern analysierte er vor allem die westdeutsche und die DDR-Gesellschaft. Im WDR begann er 1984 eine neue Interviewreihe unter dem Titel „Deutsche". Seine Arbeit wurde 1988 mit dem Adolf-Grimme-Preis ausgezeichnet. Nach dem Fall der Mauer regte Gaus eine „Deutschlandkonferenz der vier Siegermächte" mit dem Ziel einer „zentraleuropäischen Konföderation" an, 1990 startete er im ORB eine neue Reihe seiner Talk-Show „Zur Person" mit Interviews bekannter politischer Persönlichkeiten der DDR. Mit der Erzählung „Wendewut" stellte er sich erstmals literarisch vor. Seine rund 180 Interviewporträts werden seit 1999 im Haus der Geschichte der Bundesrepublik Deutschland in Bonn aufbewahrt. Gaus fungiert außerdem als Mitherausgeber der eher linksorientierten Wochenzeitung „Freitag".

Mit Günter Gaus wird ein Journalist in die Analyse einbezogen, der selbst politisch tätig war und somit die Grenze zwischen Journalismus und Politik überschritten hat. Er gehörte mehreren renommierten Redaktionen an und bemühte sich als Journalist wie Politiker um eine Verständigung mit Ostdeutschland.

Sebastian Haffner [140]

Als Sebastian Haffner am 27. Dezember 1907 geboren wurde, hieß er Raimund Pretzel. Als Sproß einer preußischen Beamtenfamilie studierte er zunächst Jura, promovierte 1935 und trat in die Verwaltung ein. Nach Hitlers Machtübernahme quittierte er den Dienst und schrieb als Journalist für

---

[140] Vgl. Munzinger Archiv/Internationales biographisches Archiv: Sebastian Haffner. Loseblattsammlung, Ravensburg 22/99

die „Vossische Zeitung" und andere Blätter, wie der „Berliner Illustrierten" und der „Neuen Modewelt".

Als er eine Jüdin heiraten wollte, was nach den Nürnberger Gesetzen strikt verboten war, emigrierte er 1938 mit seiner Freundin Erika Hirsch nach England. Ab 1940 war Sebastian Haffner als Redakteur des deutschsprachigen Emigrantenblattes „Die Zeitung" tätig. 1942 wurde er in die Redaktion der renommierten Londoner Sonntagszeitung „The Observer" aufgenommen, nicht zuletzt wegen seiner Analyse des Nazideutschlands „Germany: Jekyll und Hyde", die 1942 erschien. Darin versuchte er, seinen englischen Mitbürgern das Schwanken Deutschlands zwischen Kulturnation und barbarischer Diktatur verständlich zu machen.

Weil er seine Verwandten in Deutschland schützen wollte, nahm er im Londoner Exil den Namen an, unter dem er berühmt werden sollte: Sebastian Haffner. Sebastian nach Bach, Haffner nach Mozarts Haffner-Symphonie. 1948 wurde er britischer Staatsbürger, sechs Jahre später kehrte Haffner aber wegen Differenzen mit „Observer"-Chefredakteur David Astor nach Berlin zurück und berichtete von dort für den „Observer".

Nach dem Berliner Mauerbau im August 1961 gab Haffner seine Korrespondententätigkeit beim „Observer" auf und schrieb von Berlin aus als Kolumnist zunächst für „Christ und Welt" und die „Die Welt". Die „Spiegel"-Affäre 1962 wurde zur Zäsur im journalistischen Leben des Sebastian Haffner. Die Haltung der Zeitungen, bei denen er arbeitete, zur Durchsuchung der „Spiegel"-Redaktionsräume veranlaßte ihn, dort zu kündigen. Ab 1963 schrieb er für den „Stern" und bald auch für „konkret". Während des Kalten Krieges stießen seine Vorschläge zur Deutschlandpolitik und Wiedervereinigung auf Ablehnung. Sebastian Haffner rief in Vorwegnahme der späteren Ostpolitik Willy Brandts zu Zugeständnissen an die DDR auf.

1974 übernahm Haffner im Bayerischen Rundfunk eine eigene Hörfunk-Talkrunde. Das ZDF strahlte im April 1977 Haffners erstes Dokumentarspiel über die Marneschlacht im Jahre 1914 aus. Als Buchautor machte er erneut 1967 mit einer knappen Biographie über Winston Churchill auf sich aufmerksam. Nachdem er 1975 beim „Stern" ausgeschieden war, verlegte sich Haffner ausschließlich auf das Schreiben historisch-politischer Bücher zur Zeitgeschichte. Zu einem Bestseller wurden 1978 seine „Anmerkungen zu Hitler", in denen er ein distanziertes Bild des Diktators lieferte und sich gegen eine mystische Sichtweise der Geschehnisse wandte. 1990 äußerte er sich betont pessimistisch zur deutschen Wiedervereinigung. Seine Arbeit wurde mit zahlreichen Preisen ausgezeichnet. Sebastian Haffner starb am 2. Januar 1999 im Alter von 91 Jahren.

Sebastian Haffner ist für die vorliegende Arbeit aus mehreren Aspekten interessant: Da er als Exilant wieder in die Bundesrepublik zurückkehrte, drückte er sein Vertrauen in das neue politische System aus. Dadurch wurde er aber auch zum besonders kritischen Beobachter. Seine Reaktion auf die „Spiegel"-Affäre macht deutlich, wie einschneidend die damaligen Geschehnisse für das Selbstverständnis vieler Journalisten waren. Als Journalist wie als Historiker hatte Haffner viel Erfolg bei seinem Publikum.

Claus Jacobi[141]

Am 4. Januar 1927 wurde Claus Jacobi als Sohn eines Kaufmanns geboren. Nach dem Besuch eines Gymnasiums leistete er Kriegsdienst als Seekadett. 1946 volontierte er in der Redaktion der „Hamburger Allgemeinen", 1947 wechselte er zur „Welt". Seine journalistische Laufbahn begann Jacobi 1948 in der politischen Redaktion der „Zeit". Dort blieb er vier Jahre, bis er für den „Spiegel" als Korrespondent nach Bonn ging. In den Jahren 1956 bis 1959 berichtete er aus Washington. 1961 übernahmen Claus Jacobi und Johannes K. Engel gemeinsam die Chefredaktion des „Spiegel". Während Jacobi Chefredakteur war, steigerte sich die Auflage von 400 000 auf eine Million. Er erklärte diese Steigerung damit, daß „der Spiegel früher in weiten Passagen ein polemisches Blatt mit negativen Akzenten" gewesen sei und es sich erst unter seiner Führung zu einem „echten Nachrichtenmagazin" entwickelt habe. 1969 trennten sich „Spiegel"-Herausgeber Rudolf Augstein und Claus Jacobi, weil Augstein „ein im Zweifel linkes Blatt" aus dem „Spiegel" machen wollte.

Jacobi wechselte als Chefredakteur zum „Stern", am 1. Februar 1970 trat er in der gleichen Position bei Axel Springers „Welt am Sonntag" in Hamburg an. Ein Jahr später prüfte er mit Richard Gruner die Möglichkeiten zur Gründung eines unabhängigen Nachrichtenmagazins. 1973 übernahmen

---

[141] Vgl. Munzinger Archiv/Internationales biographisches Archiv: Claus Jacobi. Loseblattsammlung, Ravensburg 18/97

Claus Jacobi und Paul C. Martin die Chefredaktion der „Wirtschaftswoche". Nach Differenzen mit dem Verlag kündigte Jacobi fristlos. Im August 1974 trat er zum zweiten Mal in die Dienste Axel Springers. Anfang 1975 übernahm er zusammen mit Herbert Kremp die Chefredaktion der „Welt", die im Mai dieses Jahres von Hamburg nach Bonn übersiedelte. Ein Jahr später kehrte er an die Elbe zurück und bildete mit seinem Freund Axel Springer jr. eine neue Chefredaktion der „Welt am Sonntag", die unter seiner Leitung an Geltung und Auflage gewann. Als im Mai 1988 die Auflage der „Bild"-Zeitung drastisch zurückgegangen war, wurde Jacobi die Position als Redaktionsdirektor angeboten. Bereits im Mai 1989 wurde er wieder von seinen Aufgaben entbunden, weil die Talfahrt des Blattes nicht merklich gestoppt wurde. Claus Jacobi blieb Redaktionsdirektor im Axel Springer Verlag und befaßte sich seit Herbst 1991 mit einem neuen Konzept für die Tageszeitung „Die Welt". Unter seiner Regie siedelte die Redaktion nach Berlin über. Ende 1993 zog sich Jacobi aus dem journalistischen Tagesgeschäft zurück. Neben einem Buch über den Axel Springer Verlag veröffentlichte er 1996 zusammen mit Peter Boenisch das 400seitige Magazin „50 Jahre Zeitzeuge", das ein halbes Jahrhundert deutsche und internationale Geschichte dokumentiert.

Jacobi hat in fast jeder namhaften Redaktion gearbeitet – meist mit großem Erfolg. Auch für ihn bildeten die Geschehnisse um die „Spiegel"-Affäre und die anschließende Politisierung der Medien und der Gesellschaft eine Zäsur. Jacobi aber tendierte von da in eine konservative Richtung und bildet somit ein Gegengewicht zu den eher linksliberalen Journalisten, die in diese Analyse einbezogen wurden.

Erich Kuby [142]

Erich Kuby wurde am 28. Juni 1910 in Baden-Baden als Sohn eines Landwirts geboren. Er wuchs auf dem elterlichen Hof bei Hugelfing und Weilheim in Oberbayern auf. Nach dem Abitur an einer Münchener Oberrealschule im Jahr 1929 studierte er in Hamburg, Erlangen und München Volkswirtschaft. Auf Anraten seines Vaters absolvierte er 1935 vier Monate

---

[142] Vgl. Munzinger Archiv/ Internationales biographisches Archiv: Erich Kuby. Loseblattsammlung, Ravensburg 19/95

lang eine Ausbildung zum „Fernsprecher" bei der Nachrichtenabteilung der Reichswehr. Eine Zeit lang arbeitete er im Scherl-Bildarchiv in Berlin, später als Werbe- und Vertriebsmann bei den Steininger Verlagen. Im Zweiten Weltkrieg war er als Soldat in Frankreich und Rußland eingesetzt. Nach seiner Entlassung aus amerikanischer Kriegsgefangenschaft arbeitete Kuby als Berater der „Information Control Division" in München. 1947 wurde er Chefredakteur der Zeitschrift „Ruf", nachdem die US-Militärregierung die ersten Herausgeber Alfred Andersch und Hans Werner Richter abgesetzt hatte. Ein Jahr später mußte auch Kuby gehen. Er wechselte in die Redaktion der „Süddeutschen Zeitung", schrieb gegen die Wiederaufrüstung und die Bewaffnung der Bundeswehr mit Atomwaffen an. Von Januar 1958 an gehörte Kuby vorübergehend zum Redaktionsstab der „Welt", schied aus politischen Gründen aber aus. In den Jahren 1960 bis 1963 war er als politischer „Wanderprediger" zwischen Rom und Oslo unterwegs, schrieb Hör- und Fernsehspiele sowie das Drehbuch zum Film „Rosemarie, des deutschen Wunders liebstes Kind", daß wie die in 17 Sprachen übersetzte Buchversion ein Welterfolg wurde.

Der Redaktion des „Stern" gehörte Kuby mit Unterbrechungen von 1962 bis 1980 an. Nachdem der „Stern" 1964 angekündigt hatte, von nun an eine 14tägige Kolumne von Franz Josef Strauß zu drucken, verließ Kuby die Redaktion. Er wurde „Spiegel"-Mitarbeiter. Als Schriftsteller etablierte sich Erich Kuby 1957 mit dem Buch „Das ist des Deutschen Vaterland. 70 Millionen in zwei Wartesälen". Mehr als 20 Bücher hat Kuby geschrieben, an weiteren zehn war er als Mitarbeiter oder Herausgeber beteiligt. Großes Aufsehen erregte er mit dem 1983 veröffentlichten Buch zur sogenannten „Stern"-Affäre um die gefälschten Hitlertagebücher. Der „Stern" hatte Auszüge aus einem angeblichen Hitlertagebuch gedruckt, das sich nach einer Prüfung als gefälscht herausstellte. In neueren Veröffentlichungen setzte sich Kuby vor allem mit der Schreckensherrschaft des Dritten Reiches, dem Zweiten Weltkrieg und der deutsch-deutschen Vergangenheitsbewältigung auseinander. Außerdem verfaßte er Kinderbücher.

Erich Kuby gehörte wie Jacobi mehreren renommierten Redaktionen an. Er war in erster Linie Reporter und identifizierte sich stets mit der politischen Linie des Mediums, bei dem er arbeitete. War das nicht mehr möglich, verließ er die Redaktion. Durch seine Eigenwilligkeit repräsentiert er den Charakter vieler seiner damaligen Kollegen.

Henri Nannen[143]

Als Sohn eines Polizeibeamten wurde Henri Nannen am 25. Dezember 1913 in Emden geboren, wo er ein humanistisches Gymnasium besuchte. Nach dem Abitur war er einige Monate als Knecht bei Bauern tätig. Eine einjährige Buchhändlerlehre schloß sich an, bevor er ab 1934 Kunstgeschichte an der Universität München studierte. Er arbeitete zunächst bei der Zeitschrift „Die Kunst", ab 1938 für eine Zeitschrift mit dem Titel „Kunst im Dritten Reich". Drei Artikel, in denen Nannen die „Kunst des vom Führer erneuerten Deutschlands" lobte, waren später des öfteren Anlaß zu Kritik. Während des Zweiten Weltkriegs war er Soldat und Frontberichterstatter wie Rudolf Augstein.

1946 erhielt er die Lizenz als Mitherausgeber der „Hannoverschen Neusten Nachrichten". Er blieb dort ein Jahr, kandidierte vergeblich in Lingen bei den Landtagswahlen in Nordrhein-Westfalen für die FDP und gab bis 1949 in Hannover die „Abendpost", eine Tageszeitung, heraus. Bereits ein Jahr zuvor hatte er die Jugendzeitschrift „Zickzack" gegründet, der er später den Namen „Stern" gab. Das neue Konzept war erfolgreich, der „Stern" wurde schnell zum auflagenstärksten Magazin in Europa. Nannen aber hatte wenig Interesse an geschäftlichen Dingen, deshalb verkaufte er seine Anteile an Gerd Bucerius. Die beiden waren zwar nicht immer einer Meinung, Nannen verfügte aber dennoch über nahezu uneingeschränkte Freiheit, was die journalistische Gestaltung des „Stern" betraf.

Als ein Ziel seiner Arbeit nannte Nannen, dem Einzelnen beistehen zu wollen. „Reichsgericht des kleinen Mannes" sollte der „Stern" sein. Die angriffslustigen Reportagen führten mehrfach dazu, daß der Stern von den Besatzungsmächten verboten wurde. Für Aufsehen sorgte Nannen, als er, nachdem am 7. August 1962 Riemenschneiders „Madonna im Rosenkranz" im fränkischen Volkach gestohlen worden war, den Tätern 100 000 Mark für die Rückgabe bot und damit Erfolg hatte. Im Mai 1969 entwarf Nannen ein Redaktionsstatut für den „Stern", das für die pressepolitische Entwicklung der Bundesrepublik als vorbildlich galt. Für die Opfer der Dürrekatastrophe in Äthiopien startete er eine Spendenaktion, mit der innerhalb weni-

---

[143] Vgl. Munzinger Archiv/ Internationales biographisches Archiv: Henri Nannen. Loseblattsammlung, Ravensburg 3/97

ger Monate 22 Millionen Mark zusammen kamen. Bereits 1967 hatte er „Youth Science Fair" als „Jugend forscht" aus den USA nach Deutschland geholt. Auch für die Ostpolitik Willy Brandts setzte er sich engagiert ein.

Freundschaftlich: Kanzler Willy Brandt und Henri Nannen amüsieren sich auf dem Flug zu einem Amerika Besuch 1973 über den „Stern"-Titel „Steht Brandt das durch?"

Aus: Schreiber; Hermann: Henri Nannen. München 1999

1980 endete sein Vertrag beim „Stern", und „Sir Henri", wie Nannen häufig genannt wurde, zog sich zurück. Als erfahrener Kunstsammler widmete er sich nun den Plänen für den Bau einer Kunsthalle in seiner Heimatstadt Emden. Als im Frühjahr 1983 die gefälschten Hitlertagebücher einen Skandal rund um den „Stern" auslösten, zeichnete Nannen zwar nur noch als Herausgeber verantwortlich, dennoch stritt er eine Mitschuld nicht ab: „Ich war zwar, wie wir alle, von der Echtheit überzeugt, aber unkommentiert und unrelativiert durfte das nicht erscheinen. Hätte ich meinen Vorstandsposten unter Protest niedergelegt, wäre die Veröffentlichung unterblieben. Mit dem Vorwurf, hier politisch und journalistisch versagt zu haben, werde ich leben müssen." Henri Nannen wurde unter anderem 1989 mit dem großen Bundesverdienstkreuz ausgezeichnet. Am 13. Oktober 1996 starb Henri Nannen im Alter von 82 Jahren an den Folgen einer Krebsoperation in Hannover.

Wie Rudolf Augstein gehört Henri Nannen zu den „publizistischen Gründervätern" der Bundesrepublik. Sein Name ist untrennbar mit dem „Stern" verbunden, der fester Bestandteil der deutschen Medienlandschaft ist.

Gerd Ruge [144]

In Hamburg wurde Gerd Ruge am 9. August 1928 als Sohn eines Arztes geboren. Er besuchte die Landerziehungsheime Marienau und Schondorf/Ammersee und machte 1946 Abitur. Er erweiterte seine Fremdsprachenkenntnisse in Russisch, Französisch und Englisch, bevor er 1948 durch den Leiter der Rundfunkschule in Hamburg, Hanns Hartmann, zu einer Ausbildung am NWDR-Institut kam. 1949 begann er als Redakteur seine berufliche Laufbahn beim NWDR. Bereits ein Jahr später war er der erste bundesdeutsche Journalist, der nach dem Krieg ein Visum für Jugoslawien erhielt. Außerdem sammelte er in Korea, Indonesien, Südosteuropa und Amerika journalistische Erfahrungen. 1956 ging Ruge als erster ständiger Rundfunkkorrespondent der ARD für drei Jahre nach Moskau. Nach seiner Rückkehr wurde ihm 1959 die Leitung des ARD-Fernsehteams bei internationalen Konferenzen übertragen, 1961 bis 1964 war er außenpolitischer Redakteur und Leiter der Abteilung „Zeitfunk" beim WDR. Für fünf Jahre ging er anschließend als Korrespondent nach Washington. Wieder zurück, wurde Gerd Ruge ARD-Chefkorrespondent und Leiter des WDR-Studios in Bonn. Im Juli 1972 begleitete er den CDU-Politiker und früheren Außenminister Gerhard Schröder bei dessen Reise durch China. Seine Erfahrungen bündelte er in der Fernsehreportage „Zwischen Peking und Shanghai". Auseinandersetzungen um die Kürzung der Sendung veranlaßten Ruge dazu, dem Fernsehen den Rücken zu kehren, um 1972 drei Jahre für die Tageszeitung „Die Welt" als Korrespondent nach Peking zu gehen.

1976 hielt Ruge Gastvorlesungen an der Harvard University, ein Jahr später ernannte ihn die ARD zum Korrespondenten in Moskau. WDR-Fernseh-Sonderkorrespondent wurde Ruge im Frühjahr 1981, im November des gleichen Jahres übernahm er von Claus Hinrich Casdorff die Leitung des politischen Fernsehmagazins „Monitor" beim WDR. Ab 1. Januar 1984 leitete Ruge die Chefredaktion Fernsehen beim WDR. Drei Jahre später wurde er Leiter des Moskauer ARD-Studios. Im August 1993 gab er die Leitung des Studios ab und ging in den Ruhestand. Vom Fernsehpublikum verabschiedete er sich mit den drei Reportagen „Gerd Ruge unterwegs". 1994

---

[144] Vgl. Munzinger Archiv/ Internationales biographisches Archiv: Gerd Ruge. Loseblattsammlung, Ravensburg 24/94

drehte er für den WDR eine dreiteilige Dokumentation über Amerika. Ausgezeichnet wurde Ruges Arbeit unter anderem mit dem Adolf-Grimme-Preis.

Gerd Ruge kann auf eine einzigartige Karriere zurückblicken. Er gilt als einer der renommiertesten Fernsehjournalisten. Als erster ständiger Rundfunkkorrespondent in Moskau kommt Ruge eine Schlüsselposition im Nachkriegsjournalismus zu. Seine Reportagen erklärten dem Publikum das fremde Rußland und trugen somit auch zur Völkerverständigung bei.

Carola Stern [145]

Als Erika Assmus wurde Carola Stern am 14. November 1925 in Ahlbeck bei Swinemünde an der Ostsee geboren. Jugend- und Schulzeit verbrachte sie im Dritten Reich. Nach dem Besuch der höheren Schule machte sie 1944 das Abitur. Von 1946 bis 1947 absolvierte sie eine Lehrerausbildung, danach war sie Hausgehilfin, Büroangestellte und Geschichtslehrerin. Sie war SED-Mitglied, Schulreferentin des SED-Landesvorstandes Brandenburg, besuchte die SED-Parteihochschule in Kleinmachnow bei Berlin und wurde 1950 dort Lehrerin. Ein Jahr später ging Carola Stern nach Westberlin und studierte dort von 1952 bis 1959 Soziologie und politische Wissenschaft. Außerdem war sie in dieser Zeit wissenschaftliche Assistentin am Institut für politische Wissenschaft in Westberlin. Von 1956 bis 1960 war sie als Journalistin freiberuflich tätig und hielt sich in England, den USA und Japan auf. Als Pseudonym für ihre Arbeit nahm sie aus Angst vor einer Entführung in die DDR den Namen Carola Stern an – für ihre mit drei Sternen gekennzeichneten Artikel.

Ihre Kenntnisse über den SED-Parteiapparat nutzte sie für das Verfassen von Monographien über den bürokratischen Sozialismus in der DDR. Mit „Ulbricht" veröffentlichte sie 1964 eine biographische Darstellung der DDR-Geschichte. Sie begründete in den 60ern die deutsche Sektion der „amnesty international" mit. Unter Sterns Vorsitz stieg sie zur größten der Welt auf. Von 1970 bis zu ihrer Pensionierung 1985 war sie Redakteurin, Kommentatorin und für einige Jahre auch Leiterin der Programmgruppe

---

[145] Vgl. Munzinger Archiv/ Internationales biographisches Archiv: Carola Stern. Loseblattsammlung, Ravensburg 43/95

„Kommentare und Feature" im WDR. Zusammen mit Heinrich Böll, Günter Grass u. a. wurde sie Herausgeberin der Zeitschrift „L 76", die im März 1980 in „L 80" umbenannt wurde. Carola Stern und Günter Grass wechselten 1989 in das Herausgebergremium der Zeitschrift „Die Neue Gesellschaft/Frankfurter Hefte". 1990 und 1994 veröffentlichte Carola Stern zwei vielbeachtete Biographien über Dorothea Schlegel und Rahel Varnhagen. Sie wurde mit zahlreichen Preisen ausgezeichnet. Außerdem gehört sie seit dessen Gründung dem Vorstand des Vereins „Gegen Vergessen – für Demokratie" an.

Wie Gräfin Dönhoff ist Carola Stern eine der wenigen Frauen, die sich in den Nachkriegsjahrzehnten im deutschen Journalismus durchsetzen konnten. Durch ihre Flucht in den Westen und die Aufarbeitung ihrer NS- und SED-Vergangenheit spiegelt ihre Biographie die Zäsuren der deutschen Geschichte wider.

Peter von Zahn [146]

Als Sohn eines Offiziers wurde Peter von Zahn am 29. Januar 1913 in Chemnitz geboren. Mit seinen vier Geschwistern wuchs er in Dresden auf, wo er das Staatsgymnasium besuchte. Er volontierte beim Verlag Langen-Müller in München und studierte ab 1931 Rechtswissenschaften, Geschichte und Philosophie in Wien, Jena und Freiburg. Peter von Zahn hatte 1939 gerade in Freiburg mit einer Arbeit über die Wiedertäufer promoviert und als Angestellter im Deutschen Verlag Berlin zu arbeiten begonnen, als der Krieg ausbrach. Bis zum Ende des Krieges war Peter von Zahn als Soldat – zuletzt Leutnant der Reserve – in Propagandaabteilungen der Wehrmacht und als Kriegsberichterstatter tätig. Nach dem Krieg arbeitete er zunächst als Gefangenendolmetscher. Bei einem Besuch des Militärsenders „Radio Hamburg" behielten ihn die Briten wegen seiner Sprachkenntnisse gleich da. Zusammen mit Peter Bamm, Axel Eggebrecht, Ernst Schnabel und Gregor von Rezzori gehörte Peter von Zahn ab 1945 zu den „Männern der ersten Stunde", die den Nordwestdeutschen Rundfunk nach britischem Vorbild aufbauten. Zunächst interessierten ihn vor allem politische Themen,

---

[146] Vgl. Munzinger Archiv/ Internationales biographisches Archiv: Peter von Zahn. Loseblattsammlung, Ravensburg 41/94

angetan von der angelsächsischen Tradition des Journalismus mit der Trennung von Fakt und Meinung behandelte er zunehmend auch wirtschaftliche Themen. 1949 wurde von Zahn Leiter des NWDR-Studios in Düsseldorf. Seine Kommentare, Hörspiele und Rundfunksendungen fanden viel Anklang. Als erster deutscher Auslandskorrespondent nach dem Krieg ging Peter von Zahn 1951 nach Amerika, wo er als Korrespondent für den NWDR Köln, später für den NDR Hamburg mit seinem Stil zum Vorbild nachkommender Reportergenerationen wurde. Nahezu legendär wurden seine TV-Reportagen „Bilder aus der neuen Welt" und seine Features wie „Bilder aus der farbigen Welt". Sein Markenzeichen war seine unverwechselbare Stimme.

Nachdem er in Washington seine eigene Produktionsgesellschaft gegründet hatte, kehrte Peter von Zahn 1960 nach Deutschland zurück und verließ die ARD. Für Unstimmigkeiten sorgte sein Engagement für das später vom Bundesverfassungsgericht verbotene Adenauer-Fernsehen. In Hamburg gründete er die „Windrose Film- und Fernsehproduktion GmbH". Seine Mitarbeiter berichteten aus allen Erdteilen: die Sendereihe „Die Reporter der Windrose berichten" wurden ein großer Erfolg. Als Autor, Regisseur und Produzent machte er seit 1965 von sich reden, von 1967 bis 1968 moderierte er die SWF-Fernsehsendung „report".

Seine konservative Grundeinstellung hat er nie verleugnet. 1972 wurde Peter von Zahn CDU-Mitglied, seit Mitte der 60er Jahre hatte er bereits für die Partei Werbespots produziert. Der erste Band seiner Memoiren erschien 1991 unter dem Titel „Stimme der ersten Stunde". Viel Zustimmung fanden die Schilderungen der Nazizeit, weil er nicht versucht hätte, das eigene Tun zu beschönigen. Rundfunkpolitisch kritisierte er 1993 die Werbung in den öffentlich-rechtlichen Programmen und forderte ein Rückbesinnen auf deren ursprüngliche Aufgaben. Insgesamt hat Peter von Zahn rund 3000 Hörfunkbeiträge verfaßt, über 1000 Fernsehfilme gedreht und zahlreiche Bücher veröffentlicht. Dazu kommen noch zahlreiche Zeitungs- und Zeitschriftenartikel und Reportagen. In den Jahren 1946 und 1947 war er zusammen mit Axel Eggebrecht Herausgeber der „Nordwestdeutschen Hefte" und von 1970 bis 1975 schrieb er eine ständige politische Kolumne in der „Bunten Illustrierten". 1982 trennte sich Peter von Zahn von der Windrose Filmproduktion. Seitdem produziert er Filme und Fernsehbeträge als geschäftsführender Gesellschafter der Firma „Anatol AV und Filmproduktion

GmbH" in Hamburg. Peter von Zahn wurde unter anderem mehrmals mit dem Adolf-Grimme-Preis ausgezeichnet.

Peter von Zahn gilt als einer der „Geburtsväter" des bundesdeutschen Rundfunks und als Vorbild für nachkommende Reportergenerationen. Seine Reportagen aus Amerika erreichten Kult-Status und gaben den Deutschen in den schwierigen Nachkriegsjahren neuen Lebensmut.

5.2.2 Zeitlicher Rahmen und Auswahl

Grundlage der Analyse bildet die Berichterstattung über die ausgewählten Journalisten zu deren Geburtstagen, Todestagen, Preisverleihungen oder ähnlichem. Zur Analyse herangezogen wurde die überregionale Tages- und Wochenpresse, die in etwa das politische Spektrum der Bundesrepublik wiedergibt: „Süddeutsche Zeitung" (SZ), „Frankfurter Allgemeine Zeitung" (F.A.Z.), „Frankfurter Rundschau" (FR), „Die Welt", „tageszeitung" (taz), „Die Woche", „Die Zeit", „Stern", „Der Spiegel" und „Focus". Ein „Spiegel"-Special anläßlich des 70. Geburtstags von Rudolf Augstein mit etwa 65 Artikeln wurde nicht in die Analyse mit einbezogen, weil sich dadurch zum einen ein Ungleichgewicht ergeben hätte, zum anderen nehmen darin in erster Linie Freunde und Bekannte Bezug auf bestimmte Begegnungen oder Vorfälle, ohne die für die Beantwortung der Untersuchungsfragen entscheidenden Punkte anzusprechen. Zunächst war geplant, auch Fachzeitschriften in die Analyse einzubeziehen. Allerdings beschränken sich Zeitschriften wie „journalist" auf die Meldung eines Geburts- oder Todestages, ohne Leben und Werk des Journalisten näher zu betrachten.

Meldungen mit weniger als zehn Zeilen wurden nicht in die Inhaltsanalyse selbst mit einbezogen, weil sie keine Gründe für den Erfolg des Journalisten nennen. Sie geben aber Aufschluß darüber, welche Bedeutung dem Journalisten von dem jeweiligen Medium beigemessen wird. Artikel, die in die Analyse einbezogen wurden, müssen zum einen Bezug auf die Person des jeweiligen Journalisten nehmen, dessen Name in der Überschrift oder im Lead des Artikels genannt sein muß (⇒ Personenbezug) und zum anderen auf die journalistische Tätigkeit, die in den ersten beiden Absätzen erwähnt sein muß (⇒ Themenbezug). Es wurde ein Zeitraum von zehn Jahren gewählt: vom 01. Januar 1991 bis zum 31. Dezember 2000. Dadurch wurde sichergestellt, daß jeder der Journalisten mindestens einen runden

Geburtstag hatte. Weiter wurde zeitlich nicht zurückgegangen, weil Stichproben ergaben, daß sich die Berichterstattung von einem zum anderen Geburtstag nicht wesentlich unterscheidet, ja sogar Textpassagen wortwörtlich übernommen werden. Außerdem geht es in der Analyse darum, die Beurteilung der Journalisten in der heutigen, aktuellen Medienlandschaft zu untersuchen.

Um lückenlos und ohne größeren Zeitverlust an die Artikel zu gelangen, wurde auf die Internetarchive der jeweiligen Medien zurückgegriffen. Mit der Eingabe des Namens des Journalisten, erhält man eine Übersicht über sämtliche Artikel, die über ihn erschienen sind. Wurden nicht die gesamten zehn Jahre erfaßt – einige Medien archivieren ihre Artikel erst seit 1993 im Internet – wurde das Untersuchungsmaterial durch die Recherche über CD-ROM-Datenbanken oder Mikrofiche ergänzt. Es ergab sich eine Zahl von 98 Artikeln. Auf die Analyse von Rundfunksendungen wurde verzichtet. Die Recherche, die Beschaffung und die Klassifizierung der Sendungen hätte den Rahmen dieser Arbeit in jeder Hinsicht gesprengt.

5.3 Übersetzung des Erkenntnisinteresses in Forschungsfragen

Die Gründe für den Erfolg von Journalisten aufgrund der Analyse der Berichterstattung über diese Journalisten zu bestimmen, ist zugegebenermaßen problematisch. Ergebnis dieser Analyse soll aber nicht eine vollständige „Erfolgsanleitung" für angehende Journalisten sein, sondern die nähere Bestimmung möglicher Gründe für den Erfolg einer Journalistengeneration. Ursprünglich war angedacht, die Artikel in erster Linie auf deren Erwähnung von Kriterien journalistischer Qualität hin zu untersuchen. Da dies allerdings nur ein Aspekt der Berichterstattung ist, wurden die Forschungsfragen auf weitere Ebenen ausgedehnt.

Auf die Formulierung von Hypothesen wurde aufgrund des geringen Forschungsstandes zu diesem Thema verzichtet. Die Forschungsfragen wurden teils deduktiv, teils induktiv ermittelt. Bei der deduktiven Methode stehen die theoretischen Überlegungen im Vordergrund. Früh spricht auch von einer „theoriegeleiteten"[147] Methode. Geht man induktiv vor, steht die Ori-

---

[147] Vgl. Früh, Werner: Inhaltsanalyse. In: Endruweit, Günter/Trommsdorf, Gisela (Hrsg.): Wörterbuch der Soziologie, Band 2. Stuttgart 1989, S. 301-305

entierung am Untersuchungsmaterial im Vordergrund. Die Kategorien werden dann so formuliert, daß sie gut zum Material passen. Da vergleichbare Forschungsarbeiten rar sind, wurde zunächst das Material gesichtet, um die Ebenen bestimmen zu können, auf denen die Arbeit und das Leben der Journalisten betrachtet wird. Untermauert wurden diese Ergebnisse von theoretischen Ansätzen, wie dem von Ruß-Mohl, der Qualität von mehreren Variablen abhängig macht, und dem erweiterten Zwiebelmodell von Hans Heinz Fabris, der den einzelnen Akteur in die Institutionsebene, Mediensystemebene, Rezipientenebene und die Ebene der gesellschaftlichen Rahmenbedingungen einbettet. (Vgl. Kapitel 3.2) Die Forschungsfragen, die gleichzeitig auch die Kategorien der Untersuchung darstellen, sind bewußt recht allgemein gehalten, um sich mit Blick auf das komplexe Untersuchungsmaterial einen großen Interpretationsspielraum zu erhalten.

5.4 Die Forschungsfragen

Formale Merkmale der Berichterstattung

F1: Was läßt sich in Bezug auf Medienverteilung, Anlaß, Länge, Illustration, Ressortzuordnung, Darstellungsform und Informationsquelle über die Berichterstattung aussagen?

Die Person des Journalisten

F2: Welche Eigenschaften werden in den Artikeln für den Erfolg der Journalisten verantwortlich gemacht?

Die Produkte des Journalisten

F3: Wie werden die Produkte der Journalisten bewertet?

Der Journalist im System Journalismus

F4: Wie werden die Medien, bei denen die Journalisten gearbeitet haben, bewertet?

F5: Welche Zukunftsprognosen werden für diese Medien gegeben?

F6: Wie wird die Wirkung der Journalisten auf ihre Mitarbeiter/ihre Redaktion beschrieben?

F7: Wie wird die Wirkung der Journalisten auf die Rezipienten beschrieben?

F8: Wie wird die Wirkung der Journalisten auf den Journalismus der Nachkriegsjahrzehnte beschrieben?

Der Journalist im gesellschaftspolitischen Kontext

F9: Welche Bedeutung wird den Journalisten im gesellschaftspolitischen Kontext zugeschrieben?

F10: Welches Selbstverständnis wird für die Journalisten angegeben?

Randbedingungen

F11: Welche Bedeutung wird der Kindheit und Jugend für die Karriere der Journalisten zugeschrieben?

F12: Welche Bedeutung wird der Ausbildung der Journalisten zugeschrieben?

F13: Welche Bedeutung wird dem Geschlecht der Journalisten zugeschrieben?

F14: Welche Umstände haben laut Berichterstattung den Aufstieg der Journalisten begünstigt?

Beurteilung des heutigen Journalismus und Vorbildfunktion

F15: Wie wird der heutige Journalismus bewertet?

F16: Inwieweit werden die Journalisten als Vorbilder gesehen?

Perspektive der berichtenden Medien

F17: Besteht ein Zusammenhang zwischen Umfang/Tenor der Artikel und der Beziehung des Geehrten zu dem berichtenden Medium oder dem Autor?

6. Die Ergebnisse

Zu Beginn des Ergebnisteils wird anhand einiger Zahlen ein Überblick über die quantitativen Auswertungen gegeben. Die Tabellen dazu finden sich im Anhang. Die jeweiligen Seitenzahlen werden in Klammern angegeben. Im Anschluß werden die qualitativen Ergebnisse zunächst für jeden Journalisten einzeln vorgestellt. Dabei wurde auf eine starre Gliederung nach den Forschungsfragen verzichtet, da in der Vorstellung der Ergebnisse die jeweiligen Schwerpunkte der Berichterstattung ersichtlich weden sollen. Auf eine Gruppierung der Journalisten wurde – anders als zunächst geplant – ebenfalls verzichtet, weil die Journalisten trotz einiger Gemeinsamkeiten recht unterschiedliche Profile entwickelten und nicht in „eine Schublade" gesteckt werden sollen. Am Ende dieses Kapitels wird mit Bezugnahme auf die Forschungsschwerpunkte eine Zusammenfassung der Ergebnisse gegeben.

6.1 Einige Zahlen im Überblick

Insgesamt wurden 98 Artikel analysiert. Das meiste Material fand sich zu Henri Nannen, nämlich 18 Artikel. Allein im „Stern" wurden über ihn sechs Beiträge veröffentlicht. Zu seinem Tod 1996 berichteten alle untersuchten Medien über seine Person, seine Arbeit und seine Bedeutung für die bundesdeutsche Medienlandschaft. 15 Artikel wurden zu Rudolf Augstein untersucht: Auch auf seinen 70. Geburtstag 1993 nahmen alle Medien Bezug. Jeweils 13 Artikel fanden sich über Sebastian Haffner und Gerd Ruge. Zu Haffners Tod 1999 erschienen in allen der ausgesuchten Medien Beiträge. Über Gerd Ruge wurden meist unabhängig von einem bestimmten Anlaß vor allem Artikel zu seiner Korrespondententätigkeit in Rußland veröffentlicht. Die wenigsten Artikel waren über Günter Gaus, Claus Jacobi und Erich Kuby zu finden, nämlich jeweils nur fünf. Die Verteilung der Artikel auf die verschiedenen Medien ist relativ ausgeglichen. Die meisten Artikel, nämlich 16, wurden in der „Welt" gefunden, dicht gefolgt von der „Süddeutschen Zeitung" mit 15. Der „Focus" lieferte mit vier Artikeln den geringsten Beitrag (siehe Anhang S. 135).

Mit 56,1 Prozent ist am häufigsten der Geburtstag des jeweiligen Journalisten Anlaß der Berichterstattung, in 18,4 Prozent der Artikel ein Todestag, in 9,2 Prozent eine Preisverleihung und in 16,3 Prozent Sonstiges wie Nachfolgefragen oder Zukunftsprognosen (siehe Anhang S. 136).

Die Artikel sind durchschnittlich 153 Zeilen lang. Der längste Artikel mit 650 Zeilen erschien im „Stern" über Henri Nannen. Die Berichterstattung über Nannen und Augstein ist mit durchschnittlich 227 Zeilen pro Artikel am umfangreichsten. Am kürzesten sind die Artikel über Carola Stern, die im Durchschnitt 72 Zeilen lang sind (siehe Anhang S. 137). Auch bei der Zahl der Fotos liegen Augstein und Nannen vorn. Liegt der Mittelwert bei 1,17 Fotos pro Artikel, wurden die Artikel über Nannen und Augstein jeweils mit maximal sechs Fotos illustriert (siehe Anhang S. 137).

In 52,0 Prozent der Artikel wählten die Autoren für die Berichterstattung ein Portrait, in 31,6 Prozent einen Bericht und in 9,2 Prozent ein Interview. Eine Nachricht wurde in 4,1 Prozent der Artikel gedruckt, der einzige Kommentar erschien in der taz über Rudolf Augstein (siehe Anhang S. 138). 85,7 Prozent der Artikel wurden – soweit ersichtlich – in der eigenen Redaktion recherchiert, 9,2 Prozent sind – wie bereits erwähnt – Interviews und 5,1 Prozent beziehen sich auf die Berichterstattung in anderen Medien (siehe Anhang S. 139).

Inhaltlich dominiert die Einschätzung der gesellschaftspolitischen Bedeutung des jeweiligen Journalisten, zu deren Gunsten die Bewertung der journalistischen Produkte zurücktritt. In lediglich 41,8 Prozent der Artikel werden die Produkte des Journalisten beurteilt. In den Artikeln über Sebastian Haffner, der ab 1975 kaum noch journalistisch tätig war, sind die Produkte am häufigsten ein Thema, nämlich in zwölf von 13 Artikeln (siehe Anhang S. 140). In 64,3 Prozent aller Artikel wird dagegen die Rolle des Journalisten in gesellschaftspolitischen Prozessen thematisiert. In der Berichterstattung über Rudolf Augstein und Henri Nannen sind die gesellschaftlichen Entwicklungen besonders häufig von Interesse: in zwölf von 15 Artikeln bei Augstein und in 16 von 18 bei Nannen. Der Wiederaufbau nach dem Zweiten Weltkrieg, die Politik der Westintegration Konrad Adenauers, die „Spiegel"-Affäre 1962, die Studentenunruhen Ende der Sechziger, Willy Brandts Ostpolitik und die Frage der Wiedervereinigung bestimmen die Berichterstattung.

Kreuztabelle: Name des Journalisten / Bedeutung im gesellschaftspolitischen Kontext thematisiert

Name des Journalisten	Bedeutung im gesellschaftspolitischen Kontext thematisiert		Gesamt	
	Nein	Ja		
Augstein	3,1 %	12 12,2 %	15 15,3 %	Anzahl % der Gesamtzahl
Dönhoff	1 1,0 %	9 9,2 %	10 10,2 %	Anzahl % der Gesamtzahl
Gaus	4 4,1 %	1 1,0 %	5 5,1 %	Anzahl % der Gesamtzahl
Haffner	5 5,1 %	8 8,2 %	13 13,3 %	Anzahl % der Gesamtzahl
Jacobi	4 4,1 %	1 1,0 %	5 5,1 %	Anzahl % der Gesamtzahl
Kuby	2 2,0 %	3 3,1 %	5 5,1 %	Anzahl % der Gesamtzahl
Nannen	2 2,0 %	16 16,3 %	18 18,4 %	Anzahl % der Gesamtzahl
Ruge	12 12,2 %	1 1,0 %	13 13,3 %	Anzahl % der Gesamtzahl
Stern	1 1,0 %	7 7,1 %	8 8,2 %	Anzahl % der Gesamtzahl
Zahn	1 1,0 %	5 5,1 %	6 6,1 %	Anzahl % der Gesamtzahl
Gesamt	35 35,7 %	63 64,3 %	98 100,0 %	Anzahl % der Gesamtzahl

Das Selbstverständnis, mit dem die Journalisten die daraus resultierenden Aufgaben angingen, wird in 53,1 Prozent der Artikel angesprochen (siehe Anhang S. 141). Die Ressortverteilung bestätigt ebenfalls diese Akzentuierung: 34,7 Prozent der Artikel sind im Ressort Politik erschienen, 32,7 Prozent auf den Medienseiten und 24,5 Prozent im Feuilleton. Der Rest wurde unter „Sonstiges" zusammengefaßt, darunter beispielsweise die Hochschulseite der „Süddeutschen Zeitung" oder der Lokalteil (siehe Anhang S. 142).

Auch die Beschreibung der Person tritt hinter ihrer gesellschaftspolitischen Bedeutung zurück. In nur 38,8 Prozent der Artikel werden persönliche Eigenschaften genannt. Häufig sind sie allerdings bei Rudolf Augstein und Henri Nannen Teil der Berichterstattung: bei Augstein in acht von 15 und bei Nannen in zwölf von 18 Artikeln (siehe Anhang S. 143). Die Medien, bei denen die Journalisten gearbeitet haben, sind zwar insgesamt in nur 37,8 Prozent der Artikel Thema, Rudolf Augstein und Henri Nannen sind aber auch hier die Ausnahme. Bei Augstein wird in zwölf von 15 Artikeln der „Spiegel" zum Thema, bei Henri Nannen in 14 von 18 Artikeln der „Stern" (siehe Anhang S. 144). Zukunftsprognosen für diese Medien werden in 17,3 Prozent der Artikel gegeben. Insbesondere der Bedeutungsverlust des „Spiegel" und des „Stern" sind dabei von Interesse (siehe Anhang S. 145). Auch die Wirkung auf die Redaktion wird in den Artikeln über Augstein und Nannen im Gegensatz zu den anderen Journalisten – insgesamt wird in nur 21,4 Prozent der Artikel darauf eingegangen – häufig thematisiert: bei Nannen in 13 von 18 Artikeln, bei Augstein in sechs von fünfzehn (siehe Anhang S. 146). Eine Wirkung auf das Publikum wird in 29,6 Prozent der Artikel angesprochen. Häufig wird sie nur bei Sebastian Haffner – in neun von 13 – und bei Henri Nannen – in neun von 18 Artikeln – erwähnt (siehe Anhang S. 147).

Die Randbedingungen der journalistischen Arbeit treten in der Berichterstattung ebenfalls in den Hintergrund. In nur 15,3 Prozent der Artikel wird über den Einfluß der Kindheit oder der Jugend auf die Karriere geschrieben. Am häufigsten ist dies bei Carola Stern der Fall, bei der in vier von acht Artikeln auf ihre Jugend im Nationalsozialismus und deren Folgen für ihre Arbeit eingegangen wird (siehe Anhang S. 148). Von ähnlich geringer Bedeutung ist die Ausbildung der Journalisten in den Artikeln: In nur 25,5 Prozent der Artikel wird sie zum Thema. Am häufigsten ist die Ausbildung bei der Berichterstattung über Sebastian Haffner und Gerd Ruge Teil der Berichterstattung, nämlich in jeweils sieben von 13 Artikeln (siehe Anhang S. 149). Noch seltener erwähnen die Autoren die Bedeutung des Geschlechts. Lediglich in 5,1 Prozent der Artikel ist die Geschlechterproblematik ein Thema. Das liegt in erster Linie daran, daß acht der zehn Journalisten männlich sind und sich in diesen Fällen eine Thematisierung des Geschlechts erübrigt. Aber auch bei Gräfin Dönhoff und Carola Stern wird kaum darauf eingegangen: Nur in drei von zehn Artikeln über Gräfin Dönhoff und in zwei von acht Artikeln über Carola Stern werden die Probleme weiblicher Journalisten thematisiert (siehe Anhang S. 150). Umstände, die den Aufstieg begünstigt haben, lassen sich dagegen in 59,2 Prozent der Beiträge finden, am häufigsten bei Nannen in zwölf von 18 Artikeln (siehe Anhang S. 151).

Als Vorbild sehen die Autoren die zehn Journalisten selten. Lediglich in 13,3 Prozent der Artikel werden sie als Beispiel für nachkommende Journalistengenerationen empfohlen (siehe Anhang S. 152). Die Medien sprechen zwar Augstein und Nannen häufig eine prägende Wirkung auf den Nachkriegsjournalismus zu – jeweils in sieben Artikeln – jedoch ohne sie als Vorbild zu sehen. Insgesamt wird in 30,6 Prozent der Artikel eine prägende Wirkung auf den Journalismus ausgemacht (siehe Anhang S. 153). Auch der heutige Journalismus ist selten ein Thema in den Artikeln. In nur 19,4 Prozent der Beiträge wird darauf eingegangen (siehe Anhang S. 154).

Zunächst wurde befürchtet, die Berichterstattung könnte zu positiv und zu oberflächlich sein, um daraus interessante Erkenntnisse zu ziehen. Diese Befürchtung hat sich größtenteils nicht bestätigt. Zwar kommen die Autoren in 61,2 Prozent der Artikel zu einem positiven Gesamtergebnis, Kritik wird aber nicht ausgespart. Bei der Berichterstattung über Rudolf Augstein urteilen die meisten Medien zwiespältig: Von insgesamt 15 Artikeln wird viermal ein negativer Grundtenor ausgemacht, dreimal ein positiver und fünfmal ein neutraler. Dreimal sind die Argumente so widersprüchlich, daß ein Grundtenor nicht zu bestimmen ist. Ausschließlich positiv sehen die Autoren Sebastian Haffner und Peter von Zahn. Zwar wird auch hier Kritik geübt, insgesamt deren Leistung aber überaus positiv bewertet (siehe Anhang S. 155).

6.2 Die einzelnen Journalisten

Nun werden die Ergebnisse der qualitativen Analyse für die einzelnen Journalisten vorgestellt. Die Ziffern in Klammern verweisen auf den Artikel, aus dem das Zitat stammt bzw. auf den sich die jeweilige Textpassage bezieht. Eine Übersicht über die Artikel findet sich ab Seite 97; auf Anfrage können sie eingesehen werden. Fußnoten verweisen auf weitere Zitate, mit denen die Aussagen untermauert und veranschaulicht werden sollen. Die alphabetische Reihenfolge soll die Gleichwertigkeit der Journalisten ausdrücken.

6.2.1 Rudolf Augstein – „Don Quichotte gegen Windmühlen"

Zu Rudolf Augstein wurden insgesamt 15 Artikel analysiert. In allen ausgewählten Medien fand sich mindestens ein Artikel, in erster Linie zu Augsteins 70. Geburtstag im Jahr 1993. Im Mittelpunkt der Berichterstattung über Rudolf Augstein steht die Bedeutung, die Augstein mit dem von ihm begründeten Nachrichtenmagazin „Der Spiegel" in den gesellschaftspolitischen Ereignissen der Nachkriegsjahrzehnte erlangt hat. Darauf wird in zwölf Artikeln eingegangen. Diese Akzentuierung bestätigt auch die Ressortzuordnung der analysierten Artikel: Sechs Artikel über Augstein sind im Politikteil der Medien erschienen, drei auf den Medienseiten. Ebenfalls drei Artikel fanden sich im Feuilleton, die restlichen drei wurden unter Sonstiges zusammengefaßt.

Gemeinsam ist allen Artikeln die Anerkennung der Verdienste, die sich Augstein im Laufe der Jahre um die Demokratie der Bundesrepublik erworben hat. „Augstein hat sich um das Vaterland verdient gemacht," schließt die F.A.Z. (9) und gibt damit das Resümee aller Medien wieder.[148] Seine politische Bedeutung wird mit der Aufdeckung von Skandalen durch den „Spiegel"[149], der steten Kritik am Politikstil des Bundeskanzlers Konrad Adenauers sowie des Bundesverteidigungsministers Franz Josef Strauß[150] und dem Einsatz für die Ostpolitik Willy Brandts in Verbindung gebracht [151]. Den politischen Kampf gegen Adenauer und Strauß erachtet Augstein auch selbst als sein wichtigstes Verdienst, wie er dem „Stern" in einem Interview

---

[148] Vgl. „Den Ehrentitel ´Vierte Gewalt` – neben Regierung, Legislative und Justiz – hat sich Augsteins ´Spiegel` mehr als jeder andere verdient." (4); „Soviel man einwenden könnte gegen die Selbstüberschätzung, den trutzigen Clubcharakter des Spiegels, der immer die Tür nach außen fest zu verrammeln schien – zur liberalen politischen Öffentlichkeit hat er eine Menge beigetragen." (5); „Der Spiegel wurde ein Faktor der Bonner Republik." (6)

[149] Vgl. „Die Enttarnung des Typus Barschel hat die Republik ebenso verändert wie die Durchleuchtung der faulen Geschäfte einer bestimmten Sorte von Gewerkschaftsfunktionären (Neue Heimat, Coop)." (6)

[150] Vgl. „Augstein wurde zum schärfsten Kritiker der Adenauerschen Außenpolitik, die CDU zum liebsten Angriffsobjekt der Spiegelredakteure". (1); „Daß die autoritäre Staatsgesinnung der 50er Jahre – zum Beispiel durch den jahrzehntelangen Kampf gegen Strauß – überwunden wurde, ist unter anderem das Verdienst des Hamburger Nachrichtenmagazins." (6); „Seine Hauptgegner waren Adenauer und Strauß." (4)

[151] Vgl. „Sie haben ja wie der Stern die Ostpolitik Brandts unterstützt." (3)

sagt. (3)[152] Die „Spiegel"-Affäre sieht die „Zeit" als „Zäsur der deutschen Demokratie". (5) Auch das Konkurrenzblatt „Focus" bezeichnet den „Spiegel" als eine „politische Institution im Nachkriegsdeutschland", sieht ihn insgesamt aber als „das Dauerprodukt einer journalistischen Todsünde". Zum Stil des „Spiegels" schreibt der „Focus": „Das Prinzip ist die systematische Vermischung von Fakt und Meinung, das Mittel die virtuose Manipulation von Herz und Hirn durch das abklatschende Adjektiv, den insinuierenden Nebensatz." (4) Indirekt grenzt sich „Focus" mit dieser Kritik selbst vom Stil des „Spiegel" ab und distanziert sich von jeder Parteinahme. Es läßt sich der Versuch erahnen, die Bedeutung des „Spiegel" im Nachkriegsjournalismus relativieren zu wollen. Kritische Töne finden sich auch in anderen Artikeln. „Die Woche" zitiert Claus Jacobi, der einige Jahre für den „Spiegel" gearbeitet hat: „Rudolf Augstein hat der Redaktion die negative Kritik als Sittengesetz vorgegeben. Halbgötter zu demaskieren, Tempel einzureißen, Denkmäler zu stürzen, Großes kleinzuhacken und zu zerstören ist dem Blatt Lust und Bedürfnis zugleich, mal zu Recht, mal zu Unrecht." (8) Aus diesen Äußerungen läßt sich bereits schließen, daß Rudolf Augstein seine Aufgabe als Journalist nicht im bloßen Beobachten, sondern in der aktiven Einflußnahme sah. In den zehn Artikeln, die sein Selbstverständnis als Journalist thematisieren, wird er vor allem als Aufklärer (6), Kritiker (1) und „Kämpfer für die Allgemeinheit" (4) gesehen, der nicht nur kontrollieren, sondern auch „das Fürchten lehren wollte" (9).

Über die Zukunft des Nachrichtenmagazins wird in acht Artikeln gemutmaßt. Zwar wird Augstein von Medien wie dem „Focus" und der „Zeit" mit dem „Spiegel" gleichgesetzt[153], dennoch wird Distanz ausgemacht, die sich vor allem in dem Interview zeigt, daß Augstein anläßlich seines 70. Geburtstages mehreren „Spiegel"-Redakteuren gibt. „Der Spiegel ist immer weniger mein Kind," sagt er da. Der „Spiegel" scheint sich zu emanzipieren. Anstatt mit Samthandschuhen angefaßt zu werden, sieht sich Augstein in dem Interview unter anderem mit dem Vorwurf konfrontiert, gegen die rechtsradikalen Anschläge von Mölln und Solingen Anfang der 90er Jahre

---

[152] Vgl. „Ich habe doch wesentlich mitgewirkt, der Demokratur der beiden Herren Adenauer und Strauß eine Ende zu machen." (3)

[153] Vgl. „Er ist und bleibt das Blatt." (4); „Sein Name steht für das Blatt, das sich wiederum verselbständigt hat." (5)

nicht entschieden genug Stellung bezogen zu haben. (11) Die „Zeit" schreibt über die Zukunft des „Spiegel": „Sein Erbe, das Vermächtnis, der Spiegel also und das, wofür er steht, das alles ist nicht wirklich geregelt. Es wird auch auf bestimmte Art tabuisiert." (5) Während die F.A.Z. in diesem Zusammenhang vor allem auf die gewachsene Konkurrenz durch den „Focus" eingeht (9)[154], beklagen die „Zeit" und die „Woche" dagegen den generellen Bedeutungs- und Profilverlust des „Spiegel"[155]. Die „Woche" sieht die Diskussion um die Zukunft des „Spiegel" als Zeichen für einen Wandel im Journalismus und vergleicht Augstein mit Don Quichotte, der gegen Windmühlen kämpft. (8) Augstein hätte sich immer für etwas stark gemacht: gegen Adenauer und Strauß, für die Ostpolitik Willy Brandts, für die Wiedervereinigung. Die meisten Ziele wurden erreicht, neue seien noch nicht eindeutig formuliert. (5)[156] Die „Zeit" und die „Woche" sprechen damit eine Problematik an, mit der sie selbst zu kämpfen haben. Als Vorbild wird Augstein lediglich in zwei Artikeln gesehen. Auch er selbst sieht sich nicht als Vorbild. Der SZ sagt er auf die Frage, ob er Ratschläge für eine große journalistische Karriere geben könne: „Nein, ich kann nur in konkreten Situationen raten. Außerdem will ich weder ein Vorbild noch ein Denkmal sein." (2)

In acht Artikeln werden persönliche Eigenschaften genannt, zynisch und leidenschaftlich sind am häufigsten. In Bezug auf seine journalistische Arbeit wird Augstein als ehrgeizig (2), kritisch (1), genial (4) und neugierig (5) beschrieben. Seine Produkte, vom Gesamtprodukt „Spiegel" abgesehen, werden in nur einem Artikel erwähnt. Seine Bedeutung für den Journalismus ist in sieben Artikeln ein Thema. Augstein hätte den „angelsächsischen Journalismus" (4) und „die Aufdeckung als journalistisches Prinzip" (6) ein-

---

[154] Vgl. „Die Konkurrenz des Magazins ´Focus`, die man in Hamburg lange unterschätzt hatte und das den ´Spiegel` mittlerweile an Umfang übertrifft, im Anzeigenpreis unterbietet und ihm an Auflage immer näher kommt, wurde zu Augsteins Vampir der letzten Jahre." (9)

[155] Vgl. „Auf dem Ast, den der Spiegel absägen würde, wenn er sich aus der politischen Öffentlichkeit gänzlich verabschiedete, sitzen auch andere." (5); „Es ist schon länger her, daß der Spiegel eine große Debatte ausgelöst hat." (8)

[156] Vgl. „In der ´fertigen Republik` aber findet der Spiegel – und wohl nicht er allein – sich seiner erworbenen Rolle beraubt." (5); „Dem Spiegel fehlt das überlebenswichtige Visavis." (6)

geführt. „Die Woche" sieht ihn als eine „Art Moses der deutschen Publizistik". (8) Mit dem „Spiegel" einen neuen Medientyp eingeführt zu haben, wird ihm außerdem als Verdienst angerechnet. (9)[157]

Wenig geschrieben wird über die Randbedingungen seiner journalistischen Arbeit. In zwei Artikeln ist von dem Glück die Rede, nach 1945 im Alter von 23 Jahren eine Lizenz zu bekommen. (1;6) Augsteins Kindheit wird in einem „Stern"-Interview angesprochen. Dort erklärt er sein frühes Interesse an Politik mit den Diskussionen, die er bereits in jungen Jahren mit seinem Vater geführt hat. (3) Zu seiner Ausbildung erwähnt nur die „Zeit", daß er nicht studiert hat, durch lebenslanges Lesen aber sehr gebildet ist. (5)

Ungewöhnlich ist der Artikel, mit dem die taz auf den 70. Geburtstag Augsteins reagiert. In einem fiktiven Interview werden dabei Zitate Augsteins aus dem ursprünglichen Zusammenhang gerissen und ins Lächerliche gezogen. Daß die taz offensichtlich die Verdienste Augsteins zwiespältig sieht, zeigt sich auch in einer Diskussion, die SZ und taz Ende des Jahres 2000 über die Verleihung des Ludwig-Börne-Preises führen. Der Preis sollte Augstein am 5. Dezember 2000, seinem 77. Geburtstag, überreicht werden. Die Verleihung wird aber wegen Krankheit Augsteins verschoben. Die taz stellt in Frage, ob Augstein den Preis überhaupt verdient habe, da nach dem Krieg ehemalige Nationalsozialisten beim „Spiegel" in führenden Positionen gearbeitet hätten: „Augsteins Eingeständnis, das deutsche Volk sei ´an den Juden untilgbar schuldig geworden`, scheint nur Lippenbekenntnis zu sein," schreibt die taz. (13) Die SZ kontert: „Die Wahrheit kommt im Leben zumeist im Plural vor," und weist darauf hin, daß es in allen Berufen „Unaufmerksamkeiten" gegeben hätte. (14) Eine dieser Wahrheiten sei, „dass sich der Spiegel nur deshalb um die Aufarbeitung von NS-Verbrechen verdient machen konnte, weil er die alten Kameraden lange in den eigenen Reihen beherbergte," erwidert wiederum die taz. (15)

---

[157] Vgl. „Das Nachrichtenmagazin, das Augstein nach dem Vorbild der amerikanischen Zeitschriften ´Time` und ´Newsweek` begründete und mit dem er sich in die Geschichte Deutschlands eingeschrieben hat wie kein Journalist vor ihm, ist durch Jahrzehnte nicht nur das größte, in Wahrheit auch das einzige Nachrichtenmagazin deutscher Sprache gewesen, ein unvergleichliches Zeugnis eines ganz singulären publizistischen Willens." (9)

In der Berichterstattung über Rudolf Augstein spiegeln sich die Probleme der Journalistengeneration, für die er steht: Die Auseinandersetzung mit dem Dritten Reich, die Diskussion um den vermeintlichen Rückfall in autoritäre Muster während der 60er, die Frage der deutschen Teilung und der Bedeutungsverlust politischer Inhalte in den Medien.

6.2.2 Marion Gräfin Dönhoff – „Dinner for one"

Ähnlich wie bei Rudolf Augstein spielen bei der Berichterstattung über Marion Gräfin Dönhoff zwei Themen eine zentrale Rolle: Ihre Bedeutung in den gesellschaftspolitischen Prozessen wird in neun von insgesamt zehn Artikeln angesprochen und ihr Verhältnis zur Wochenzeitung „Die Zeit", für die sie seit 1947 mit einer kurzen Unterbrechung bis heute tätig ist, wird in der Hälfte der Artikel thematisiert. Von den zehn analysierten Artikeln sind acht zu ihrem 90. Geburtstag im Jahr 1999 erschienen, zwei zu einer Preisverleihung. In der Ressortverteilung läßt sich ein Gleichgewicht zwischen Politik, Feuilleton und Medienseite mit jeweils drei Artikeln feststellen. Ein Artikel erschien im Hamburger Lokalteil.

Außer der taz würdigen alle Medien Dönhoffs Beitrag zur Völkerverständigung, insbesondere das Bemühen um eine Aussöhnung mit Polen.[158] Da sie selbst nach dem Krieg vom Landsitz ihrer Familie in Ostpreußen fliehen mußte, wird ihr Engagement für die sogenannte Ostpolitik Willy Brandts besonders hoch angerechnet.[159] Auch ihre Verdienste um den Aufbau einer Demokratie nach dem Zweiten Weltkrieg werden herausgestellt. Die FR

---

[158] Vgl. „Dass Polen und Deutsche wieder zusammenleben wollen, ist nicht anonymen Kräften der Geschichte zu verdanken, sondern Menschen wie ihr." (21); „In den späteren 60er Jahren wurde sie schließlich eine Vorkämpferin der Ostpolitik Willy Brandts und trat engagiert für die Aussöhnung mit den polnischen und russischen Nachbarn ein." (18); „Herausgekommen sind der nimmermüde Einsatz für die Menschenrechte, eindringliche Plädoyers für das Beseitigen der materiellen und immateriellen Schäden, die Deutschland seinen Nachbarn zugefügt hat, Initiativen zur Versöhnung vor allem mit Polen." (20)

[159] Vgl. „Mindestens den Erfolg der Ostpolitik der sozialliberalen Koalition hat sie entscheidend beeinflusst, weil vielleicht niemand überzeugender für die Aussöhnung mit den Polen und Russen plädieren konnte als eine Ostpreußin, die nach vielen Qualen öffentlich gesagt hat, es werde nur Frieden geben, wenn man die Heimat verloren gebe." (16) „Sie, die selbst Vertriebene, trägt entscheidend bei zur versöhnenden Ostpolitik der Brandt-Ära." (24)

schreibt: „Sie hat den Größenwahn Hitlers zu spüren bekommen und nach der Befreiung publizierend auf die Kraft der Argumente für eine andere Republik vertraut, unverdrossen ihr Scherflein beitragend, um das in jeder Hinsicht verwüstete Land wieder in Ordnung zu bringen." (20) Die „Zeit" formuliert noch etwas pathetischer: „Sie war die junge Frau aus dem Widerstand, (...) eine Legende, ein Vorbild, eine jener Gestalten, die es einem jungen Menschen damals leichter machten, in den dunklen Jahren nach dem Krieg als Deutscher weiterzuleben." (22) Auch das Bild Deutschlands im Ausland hätte sie nach dem Krieg positiv beeinflußt.[160] Wie bei Rudolf Augstein wird bei Marion Gräfin Dönhoff eine Gegnerschaft zu Konrad Adenauer ausgemacht, der nicht die Ostpolitik sondern die Westintegration in den Mittelpunkt seiner Politik stellte.[161]

In sechs der zehn Artikel ist Dönhoffs journalistisches Selbstverständnis Thema. Die „Zeit" stellt fest, daß „sie wirken wollte, nicht glänzen". (22) Den Wunsch nach Einflußnahme macht die F.A.Z. aus: „Sie schreibt gegen die Dummheit an – oder das, was sie dafür hält." (23) Auch die FR macht eine erzieherische Seite ihrer Arbeit aus, indem sie in ihren Artikeln Normen auflistet. (20) Für die taz sind solche Auflistungen von Verhaltensregeln lediglich „Summs", den sie „unters belämmerte Leser- und Wählervieh" streut. (19)

Für die F.A.Z. ist die „Zeit" Dönhoffs „zweite Heimat" (23), Theo Sommer von der „Zeit" bezeichnet die Gräfin als die zentrale Gestalt der Wochenzeitung (22)[162]. Die Zukunft der Wochenzeitung ist in drei Artikeln Thema. Die SZ macht ähnlich wie beim „Spiegel" einen Niveauverlust aus und sieht die Herausgeber wegen sinkender Verkaufs- und Auflagenzahlen in

---

[160] Vgl. „Eine eindrucksvolle Frau, eine der Großen unseres Berufsstandes, eine Botschafterin Deutschlands in einer Zeit, da unser Land der glaubwürdigen Botschafter dringend bedurfte." (23); „Die Publizistin, die (...) in vielen Ländern den Ruf einer Art Sonderbotschafterin genießt." (18)

[161] Vgl. „Marion Gräfin Dönhoff, die Wanderin zwischen Idealismus und Pragmatismus, kämpfte gegen Adenauer, weil sie seine Politik der Westbindung als Absage an die Wiedervereinigung ansah." (18); „Ihr großer Opponent war Adenauer, und es bestand mehr als nur politischer Dissens zwischen den beiden; es war ein Kulturkampf zwischen dem Rheinland und Preußen." (23)

[162] Vgl. „Niemand hat das Blatt tiefer geprägt als sie." (22)

Bedrängnis. (16) „Jeden Donnerstag ist ´Dinner for one`," schreibt die F.A.Z. (23)

Ihre Persönlichkeit, deren Beschreibung sich mit der Schilderung ihrer Arbeitsweise vermengt, beschreibt die „Welt" als aristokratisch geprägt, traditionell, geradlinig und hartnäckig. (18) Feste Prinzipien und Geduld macht die „Zeit" für Dönhoffs Erfolg verantwortlich. (22)[163] Die Produkte der Journalistin werden in fünf Artikeln bewertet. Dönhoff sei fähig, dem Leser etwas ohne Provokation, aber mit Nachdruck zu vermitteln. (22) Anders sieht dies die taz, die in ihrem Artikel zu Dönhoffs 90. Geburtstag Kritik übt: „Zwischen Laienpredigt und verrostetem Schüleressay changiert ab ovo ihr Stil." (19)

Ihre Wirkung auf den Journalismus der Nachkriegsjahrzehnte wird in vier Artikeln als bedeutend eingestuft. „Außerordentliche Verdienste" sieht die SZ (16), die „Zeit" resümiert: „Sie lehrte uns, daß Journalismus kein eitles Pfauengespreiz ist, sondern ein Metier, das man sich schwer zu machen hat." (23) Auch ihre Rolle als Vorreiterin für nachkommende Generationen von Journalistinnen erwähnen die Autoren in drei Artikeln. Sie hätte den Mut gehabt, in eine Männerdomäne einzubrechen und sich durchzusetzen. (18) „Zum solitären Vorbild mehrerer Journalistinnengenerationen" sei sie geworden, urteilt Alice Schwarzer im „Stern". (24) Die F.A.Z. ist der Meinung, daß andere Journalisten von ihr das Verantwortungsbewußtsein lernen könnten, „am öffentlichen Diskurs teilzunehmen – wissend, wo man aufzuhören hat." (20) Die „Zeit" sieht die Gräfin als eine der letzten, die „bis heute die Fackel der alten journalistischen Tugenden hochhält". (22)[164]

In Bezug auf Dönhoffs familiäre Prägungen weist die „Welt" auf ihre Jugend in Ostpreußen hin. (18) Bezüglich ihrer Ausbildung wird in drei Artikeln erwähnt, daß sie Volkswirtschaft studiert hat und über keinerlei journalistische Vorbildung verfügte, als sie durch Zufall mit der „Zeit" in Verbindung trat. Acht Artikel thematisieren den Umstand, daß zwei von ihr verfaßte Memoranden über die Zukunft Deutschlands in die Hände der

---

[163] Vgl. „Festgefügte Kriterien, Geduld, Detailplackerei und Unerschrockenheit – in dieser Mischung liegt bis heute das Geheimnis ihres Wirkens und ihrer Wirkung."(22)

[164] Der „Stern" schreibt: „Bis heute verkörpert die Gräfin einen hehren Anspruch inmitten eines immer beliebiger werdenden Journalismus: den der Moral und der Verantwortung." (24)

Herausgeber gelangten und Dönhoff seitdem nicht mehr von der „Zeit" wegzudenken ist. Über ihren Aufstieg sagt sie der SZ, daß sie sehr viel Glück gehabt habe. (16)

Der Tenor der Artikel gleicht sich weitgehend. Alle Medien stellen die positiven Verdienste von Marion Gräfin Dönhoff heraus – außer der taz. Während alle Medien voll des Lobes sind[165] und Theo Sommer von der „Zeit" sie mit viel Pathos ehrt[166], übt die taz Kritik. Ihr Artikel endet: „Wir gratulieren dem ´Häuptling` (Schwarzer), einer, die geschmeidig durch sämtliche Worthülsen glitt und ´ihre unglaubliche Unabhängigkeit des Urteils` (R. v. Weizsäcker) strebsam zur wasserdichten Lüge verdichtete – exerziert als permanenten, berufsbedingten und aus Berufung spätpreußischen Kniefall vor der FDGO." (19)

6.2.3 Günter Gaus – „Der Außenseiter"

Journalist und Politiker – zwei, die sich meist gegenüber stehen, verschmelzen in Günter Gaus zu einer Person. Zunächst Journalist und mit seiner Interviewreihe „Zur Person" erfolgreich, wird er 1973 Ständiger Vertreter der BRD in der DDR, nachdem er als Chefredakteur beim „Spiegel" zum wichtigen Befürworter der Ostpolitik von Willy Brandt geworden war. In den fünf Artikeln, die über Gaus analysiert wurden, sind es auch diese beiden Aspekte, die dominieren: Seine Arbeit als einer, der Politiker porträtiert und als einer, der selbst Politik machte. SZ, FR und taz berichten zu seinem 70. Geburtstag 1999, die „Welt" und die F.A.Z. melden sich ohne besonderen Anlaß zu Wort. Der „Spiegel", für den Gaus von 1958 bis 1961 als politischer Redakteur und 1969 bis 1973 als Chefredakteur gearbeitet hat, meldet den Geburtstag in zwei Zeilen. Zwei Artikel sind im Politikressort erschienen, einer im Feuilleton und zwei auf den Medienseiten.

---

[165] Vgl. „eine Legende" (16); „Sie...gehört zu den Titanen im deutschen Nachkriegsjournalismus: Wer, außer Rudolf Augstein und Henri Nannen, dürfte in einem Atemzug mit ihr genannt werden?" (18); „Die bedeutendste Journalistin im Nachkriegsdeutschland." (24)

[166] Vgl. „Die Zeit schuldet ihr unendlichen Dank. Aber auch unser Land, dessen Bild in der Welt sie nach der Epoche der Finsternis hat aufhellen helfen, verdankt ihr viel." (22)

Seine Politikerinterviews „Zur Person" werden von allen Artikeln positiv beurteilt. Vor allem sein Fragestil wird gelobt. Die SZ schreibt: „Gaus beherrschte die verlorene Kunst der zugespitzten Vermutung, ein wunderbares Mittel, Selbstauskünfte vorzulocken." (26) „Die Stilform seiner 33 ZDF-Interviews waren von einer Ernsthaftigkeit und Tiefenschärfe, die im Fernsehen beispiellos waren und es bis heute sind," urteilt die „Welt". (29)[167] Seine Sprachgewandtheit und sein Stil, der als herausfordernd aber doch respektvoll geschildert wird, schätzt die taz an Günter Gaus. „Für mich ist es von entscheidender Bedeutung, auf sprachliche Nuancen zu achten," wird Gaus zitiert. (28)[168] Das Ergebnis seiner Arbeit sind 180 Porträts, die für die FR einen „unmittelbaren Eindruck der deutschen Zeitgeschichte" vermitteln. (27)

Der Politiker Günter Gaus wird kaum bewertet, wenngleich seine Tätigkeit als erster Ständiger Vertreter der BRD in der DDR von allen Medien erwähnt wird. Sein Selbstverständnis sieht die SZ als das eines Botschafters – journalistisch wie politisch. Er wird als Kenner Ostdeutschlands gesehen, der für die DDR den Begriff der Nischengesellschaft geprägt hat. (26)

Seine Kindheit oder seine Ausbildung werden in den Artikeln nicht angesprochen. Die Umstände, die seinen Aufstieg begünstigt haben, sind in der taz ein Thema: Das ZDF sei damals noch sehr jung gewesen und hätte „gute Leute" gesucht, „die dem Sender Format verleihen". Gaus selbst sagt dazu: „Ich war damals im richtigen Alter, was den Ehrgeiz angeht. Ich dachte, warum soll ich's nicht wenigstens versuchen?" (28) Zunächst hätte Gaus mit Kritik zu kämpfen gehabt, wie die taz und die „Welt" wissen. Dem ZDF gefiel demnach nicht, daß Gaus die Politiker in seinen Interviews so scharf anpackte. (29) Die Fragen wären dem ZDF zu hart, zu unmittelbar gewesen, schreibt die taz, dennoch hätte er sich durchgesetzt und seinen Stil beibehalten. (28)

Seine Person tritt in der Berichterstattung in den Hintergrund. Die Autoren nennen keine persönlichen Eigenschaften. Zu den Motiven für die Wahl

---

[167] Die taz schreibt: „Seine Fragen sind kleine Regieanweisungen – für Interviewte und Publikum." (28)

[168] Die taz weiter: „Er formuliert sicher und sprachgewandt. Ein wenig formell aber sehr exakt, immer höflich, sehr norddeutsch, ein Herr." (28)

des journalistischen Berufes zitiert ihn die „Welt": „Ich bin bis auf den heutigen Tag unheilbar neugierig." (29) Mit Blick auf den heutigen Journalismus weist die taz darauf hin, daß das Format seiner Interviews – sie dauern 45 Minuten – einzigartig ist und sein Erfolg als „bekanntester Hinterkopf der Nation" vor allem in einem Fernsehen „vor der Erfindung der Privaten, des Zappens und der omnipräsenten Talkshows" möglich war. (27) Vielleicht auch deshalb wird Gaus in keinem der Artikel als Vorbild gesehen. „Erholsam, gewiß, liebenswert, aber in Ehren verstaubt," (30) urteilt die F.A.Z.

Als Journalist und als Politiker beherrschte immer ein Thema die Arbeit von Günter Gaus: Die Teilung der beiden deutschen Staaten, die Wiedervereinigung und das schwierige Zusammenwachsen danach. Im Westen wurde Gaus in den 90ern wegen seiner abwehrenden Haltung gegenüber der Wiedervereinigung vermehrt kritisiert: „Und Wiedervereinigung als Glück an sich wollte er nicht empfinden," schreibt die SZ. (26) Für die taz ist Günter Gaus – den Außenseiter immer besonders interessiert hätten – selbst zum Außenseiter geworden. (28)

6.2.4 Sebastian Haffner – „Kein Sex-Appeal in der Feder"

„In seiner Biographie spiegeln sich die Brüche und Zäsuren der deutschen Geschichte dieses Jahrhunderts." (35) Dieser Satz könnte über jedem Artikel stehen, der zu Sebastian Haffner analysiert wurde. Nach Hitlers Machtübernahme ging er ins Exil, kehrte später zurück nach Deutschland und wurde vom „Kalten Krieger" zum Anhänger der Studentenunruhen. Ab 1975 widmete Haffner sich verstärkt historischen Betrachtungen und wurde schließlich zum Skeptiker gegenüber der Wiedervereinigung. Neben seiner Bedeutung im gesellschaftspolitischen Kontext der Nachkriegsjahrzehnte sind seine Produkte und deren Wirkung dominant in den 13 Artikeln, die zu seiner Person analysiert wurden. Fünf Artikel erschienen im Ressort Politik, sieben im Feuilleton, einer unter „Stern"-intern. Zwar setzen die Autoren meist seine journalistische mit seiner publizistischen Arbeit gleich, dennoch wurde versucht, in erster Linie die Aussagen bezüglich seiner journalistischen Tätigkeit zu analysieren. Sechs Artikel sind zu Haffners 90. Geburtstag 1997 erschienen, sieben zu seinem Tod im Januar 1999.

Seine gesellschaftliche Bedeutung wird in acht Artikeln herausgestellt und orientiert sich an seiner Entwicklung vom „Kalten Krieger" zum „publizistischen Staranwalt der Studentenbewegung" und an seinem Einfluß auf das historisch-politische Bewußtsein der Deutschen nach dem Zweiten Weltkrieg. (30) Die „Zeit" sieht in der „Spiegel"-Affäre die entscheidende Zäsur im journalistischen Leben Haffners. (36) Die taz liefert dazu ein Zitat Haffners: „Wenn die deutsche Öffentlichkeit sich das gefallen läßt, dann adieu Pressefreiheit, adieu Rechtsstaat, adieu Demokratie." (31) „Eine Entfremdung zur Springer-Presse" (37) macht der „Spiegel" aus. Nach Haffners Wechsel zum „Stern" wurde er nach Meinung der F.A.Z. zum „Wegbereiter der Brandtschen Ostpolitik" (33). „Er entdeckte sein Herz für die Studenten," schreibt die „Zeit". (35) Ab 1975 widmete er sich verstärkt historischen Arbeiten, die von den Medien gelobt werden. Die FR gratuliert 1997 einem Neunzigjährigen, „dem wir viele Einsichten über die vielfach verdrängten und verleugneten Irrwege des Jahrhunderts verdanken". (43) Auch andere Artikel schreiben Haffner einen bedeutenden Beitrag zur Aufarbeitung der jüngsten deutschen Geschichte zu.[169] Die letzte größere Debatte hätte er mit seiner kritischen Haltung zur Wiedervereinigung ausgelöst. (38)[170]

Seine Produkte nehmen einen hohen Stellenwert in der Berichterstattung ein: in zwölf von 13 Artikeln werden sie in die Berichterstattung einbezogen. Die Sprache ist dabei von zentraler Bedeutung. „Mit der Schmucklosigkeit kommt der Gedanke unverhüllt zur Geltung," urteilt die F.A.Z. .(32) Karl Silex habe über Haffner gesagt, ihm fehle die wichtigste Qualität eines bedeutenden Journalisten: Er habe kein Sex-Appeal in der Feder. (32) „Schnörkellos, aber dennoch brillant," urteilt die „Zeit". (36) Haffner selbst bekannte sich zu einem Stil, „der dramatisieren und zuspitzen" wollte, weiß der „Stern". (39) Daraus ergebe sich ein unverwechselbarer „Haffner-

---

[169] Vgl. „Denn Haffner schrieb drei Bücher, die, obwohl keines mehr als zweihundert Seiten Umfang hatte, die deutsche Sicht auf die junge und jüngste Geschichte änderten, ja fast umstürzten." (32); „Was er über die Hitlerjahre geschrieben hat, war zumindest für eine breitere Öffentlichkeit neu, aufregend und entlarvend." (43)

[170] Die „Welt" zitiert in diesem Zusammenhang Haffner: „Es geht um die Selbstdarstellung des vereinigten Deutschland, um die Frage, was will dieser neue Staat sein - die alte Bundesrepublik unter Einbeziehung der früheren DDR oder das Deutsche Reich, sozusagen das vierte Reich?"(38)

Ton" (35), der sich durch „stilistische Brillanz, magistrale Knappheit und Wendigkeit seiner Feder" (33) auszeichnete.

Wie er auf seine Leser gewirkt hat, ist in neun Artikeln ein Thema. Faszination steht dabei im Mittelpunkt. Die FR schreibt: „Ein Autor, den der Gegenstand seines Denkens faszinierte und der uns wohl auch deshalb so zu fesseln versteht." (43) Auch die „Welt" ist sich dieser Wirkung bewußt: „Bis zum Ende faszinierte er durch die verblüffenden Formulierungen und atemberaubenden Geistesblitze, mit denen er seine Leser und Hörer über Jahrzehnte hinweg angeregt, aufgeregt und begeistert hatte."(40)[171]

Haffners Person wird eine ähnliche Wirkung zugeschrieben. Als eigenwillig wird er in nahezu allen Artikeln bezeichnet. „Hat nie in eine Schublade gepaßt," schreibt die FR (34), die „Welt" weiß: „Verläßlich war seine Fähigkeit, auf neue Verhältnisse mit neuen Meinungen zu reagieren" (38).[172] Außerdem wird er als liebenswürdig (41) und als ein „Kavalier der alten Schule" (49)[173] bezeichnet.

In Bezug auf sein Selbstverständnis, das in sieben Artikeln Thema ist, wird er vor allem als Aufklärer[174] gesehen, der „zum Denken anstiften und zum Widerspruch reizen wollte" (35). Die „Welt" sieht Haffner als politischen Journalisten, „der den Lauf der Politik" beeinflussen wollte. (33)[175] Ein „kritischer, hellsichtiger, überaus sensibler Beobachter der Zeit," urteilt die FR. (43)

---

[171] Die F.A.Z. schreibt:„..alle seine Sachen...faszinieren von vornherein, auch ohne daß sich der Gedankengang ins Spiel gebracht hat." (33)

[172] Vgl. „Er war stets bereit, feste Überzeugungen aufzugeben, wenn sie sich für ihn als falsch erwiesen haben." (38); „Er war ein Unruhestifter von Anfang an, ein Unangepaßter, der sich nie im Bestehenden eingerichtet hat und immer für Positionswechsel gut war." (35); „Er äußerte sich stets eigenwillig und abseits der politischen Ströme." (34)

[173] Die „Welt" schreibt: „Immer zuvorkommend, betont höflich, mit warmer Ausstrahlung. Unvergeßlich seine gütigen Augen." (40)

[174] Vgl. „Dies stiftete bisweilen ziemliche Verwirrung und Aufregung, zumal Haffner in bester Tradition des britischen Journalismus sein Credo publizistischer Aufklärung mit provozierenden Thesen garnierte." (41)

[175] Zu seinem Tod schreibt die „Welt" erneut: „Er wollte mit der Feder politisch Einfluß ausüben und hatte Erfolg damit, zumal in den sechziger, den frühen siebziger Jahren." (35)

Drei Artikel beziehen sich auf Haffners Kindheit und Jugend. „Er war Kind im Kaiserreich, Student in der Weimarer Republik und hellsichtig genug zu ahnen, was Hitler für Deutschland und den Rest bedeutet", schreibt der „Spiegel". (37) Bezüglich seiner Ausbildung, die in sieben Artikeln Thema ist, wird sein Jurastudium erwähnt. Nachdem er nach London ins Exil gegangen war, habe er als Redakteur „das journalistische Handwerk gründlich" gelernt. (36) Die Umstände, die seinen Aufstieg begünstigt haben, werden mit der Bedeutung seines Erstlingswerks „Germany: Jekyll und Hyde" in Verbindung gebracht, mit dem er die Vorgänge in Deutschland erklären wollte. „Er schrieb seine erste brillante Analyse über Hitler, die ihm einen Job beim Observer einbrachte." (43) Seine größte Lebensleistung sieht die „Welt" darin, „während des Krieges in einem der wichtigsten britischen Blätter Einfluß zu gewinnen." (40)

Als Vorbild sieht ihn die „Zeit". Zu seinem 90. Geburtstag bedauert sie, daß es so still um Haffner geworden ist: „Dabei bräuchten wir so dringend einen wie ihn, einen, der uns als Publizist und Journalist immer wieder vorgeführt hat, was es heißt, scheinbare Gewißheiten in Frage zu stellen und liebgewonnene Vorstellungen zu überprüfen: unerschrocken, unbestechlich und gelegentlich auch über die Stränge schlagend." (35)[176] Alle Medien kommen ohne Ausnahme zu einer positiven Gesamtbewertung Sebastian Haffners Werk.

Auch die „Welt", der Haffner nach der „Spiegel"-Affäre den Rücken gekehrt hatte, schätzt ihn als den „bekanntesten und bedeutendsten Publizisten der Bundesrepublik". (40) Zurückhaltend gestaltet sich dagegen die Berichterstattung des „Stern", für den Haffner mehrere Jahre als Kolumnist tätig war. Sein 90. Geburtstag wird in zwei Zeilen gemeldet, sein Tod in 60 Zeilen relativ knapp und nüchtern, indem seine Lebensdaten aneinandergereiht werden, abgehandelt. (39)

Haffners Selbsteinschätzung fällt bescheiden aus. Die „Welt" macht in seiner Stimme Resignation aus (40), der „Spiegel" schreibt von seinen düsteren Gedanken, „umsonst gelebt" zu haben (37). Die F.A.Z. widerspricht: „Haffner blieb ein Außenseiter in fast jeder Hinsicht, niemals gehörte er

---

[176] Ähnlich auch die „Welt": „Haffners waches Interesse, seine Bereitschaft, immer Neues aufzunehmen, waren vorbildlich." (35)

zum journalistischen Establishment der Nachkriegszeit. Aber die Köpfe, die in jenen Jahrzehnten an der Tête ritten, sind nahezu ausnahmslos vergessen, mühsam sucht man sich ihre Namen aus der Erinnerung hervor. Der Rang Haffners als eines der wirklich unabhängigen Köpfe ist dagegen immer deutlicher hervorgetreten." (32)

6.2.5 Claus Jacobi – „Einer, der den Erfolg garantierte"

Sebastian Haffner entwickelte sich im Laufe seines Berufslebens weg von der „Welt" hin zu Medien, die im Meinungsspektrum weiter links stehen. Claus Jacobi machte diese Entwicklung in entgegengesetzter Richtung durch: Zunächst Chefredakteur beim „Spiegel", wechselte er in den 60er Jahren zu Springer, wo er bei der „Welt", bei „Bild" und anderen Blättern arbeitete. Dieser Werdegang macht sich auch in der Berichterstattung bemerkbar: Drei Artikel erschienen in der „Welt", einer in der F.A.Z. und einer im „Focus". Von Medien wie der SZ, der FR oder der taz wird Jacobi ignoriert, ebenso vom „Spiegel", für den er als Chefredakteur arbeitete.

In Bezug auf seine Arbeit beschreibt ihn die „Welt" als überaus kritisch: „Jedes Manuskript, das er redigiert, ist hinterher besser." Vor allem Nachwuchsjournalisten hätte er damit häufig zum Verzweifeln gebracht. „Am Ende der Prozedur, wenn der Stift das Manuskript bis zur (Un-) Kenntlichkeit verändert hatte, wenn Jacobi zufrieden war und sein Gütesiegel CJ den Artikel zierte, war er wieder fröhlich." Es wäre auch vorgekommen, daß Jacobi fragte: „Schreiben sie gern," und auf die bejahende Antwort, entgegnete: „Warum lernen Sie es dann nicht?" So hätte er Generationen von Journalisten geprägt.[177] Insgesamt sieht die „Welt" in ihm einen der wenigen, „die das Gesicht der deutschen Zeitungs- und Zeitschriftenlandschaft nach dem Kriege geprägt haben." (45) Für die F.A.Z. ist Jacobi „einer, der den Erfolg garantierte". (44)

Wohl nicht zuletzt in ihrer Eigenschaft als Springer-Produkt weist die „Welt" darauf hin, daß die Auflage des „Spiegel" unter Jacobi enorm angestiegen ist. „Wir wischten dem `Spiegel´ den Schaum vom Mund und

---

[177] Vgl. „Viele, die die Prozedur überstanden, gehören heute zum Kreis der `Jacobiner` und leiten selbst Blätter."(45)

machten ihn zum Nachrichtenmagazin," wird Jacobi zitiert. (45)[178] Die „Spiegel"-Affäre wird für Jacobi in zweierlei Hinsicht als bedeutend geschildert: Zum einen saß er damals zusammen mit Augstein im Gefängnis, zum anderen war sie die Zäsur im journalistischen Leben des Claus Jacobi: „Rudolf Augstein wollte aus dem ´Spiegel` ein ´im Zweifelsfalle linkes Blatt` machen – für Jacobi die Zeit zu gehen," schreibt die „Welt". (45) Bezüglich seines Selbstverständnisses sieht ihn die „Welt" als „stets neugierigen, immer gut informierten und nie besserwisserischen Beobachter". (46) Ein Greuel seien ihm theoretische Betrachtungen und Erwägungen. „Schreibt doch, was ist!" laute sein kategorischer Imperativ. (45)

Die Wirkung, die seine Arbeit bei den Lesern erzielte, wird in drei Artikeln thematisiert. Die „Welt" weiß: „Wo immer Claus Jacobi wirkte, lockte er Leser, stiegen die Auflagen. Millionen ließen und lassen sich von ihm fesseln." (45) An anderer Stelle lobt die „Welt" die „Diskretion", mit der er „die Sucht des Lesers, möglichst viel vom nicht öffentlichen Leben der Großen dieser Welt, der Stars und Prominenten zu erfahren", befriedigte. (46) Ob die „Welt" hier objektiv urteilt, ist fraglich. Der „Focus" schätzt an Jacobi, daß er seinen Lesern keine Meinung aufzwingt. Jacobi wird als „ein Vorbild durch Distanz zum eigenen Tun" gesehen. (48) Dabei wird erneut – wie in der Berichterstattung über Rudolf Augstein und den „Spiegel" – die Absage an einen Stil bekräftigt, der Partei ergreift. Die „Welt" dankt einem „unvergleichlichen Lehrmeister" und gratuliert einem „Großen der Zunft" zum 70. Geburtstag. (45)

6.2.6 Erich Kuby – „Bewaffnet mit einer Schreibmaschine"

Ähnlich wie Claus Jacobi ist Erich Kuby nicht mit nur *einer* Redaktion in Verbindung zu bringen. Wie sein beruflicher Werdegang ist auch die Berichterstattung über Kuby gekennzeichnet von häufigen Wechseln. Wenn er sich nicht mehr mit der Linie oder einzelnen Mitarbeitern des jeweiligen Blattes arrangieren konnte, verließ er die Redaktion. Über Erich Kuby wurden, wie über Claus Jacobi, nur fünf Artikel gefunden. Ein Grund dafür

---

[178] Vgl. „Sein Erfolgsrezept: ´Das tragende Formgesetz des Spiegel ist, daß er berichtet und nicht kommentiert. Die Form, in der wir berichten, ist die Nachrichtengeschichte. Wir glauben, daß sich in dieser Form jedes Ereignis darstellen läßt, das zeittypische Bedeutung hat.`" (45)

könnte sein, daß er sich oft im Streit aus einer Redaktion verabschiedete, so wie vom „Stern", dessen Redaktion er mit Unterbrechungen von 1962 bis 1980 angehörte. In einem Buch über den Reinfall mit den Hitlertagebüchern erhob er schwere Vorwürfe gegen die „Stern"-Redaktion. Es erschien kein Artikel über Kuby im „Stern", ebensowenig in der „Welt", von der sich ebenfalls wegen Meinungsverschiedenheiten trennte. Zwei der Artikel sind in der SZ, zwei in der taz und einer in der FR erschienen. Auf den Medienseiten wurden drei der Artikel gedruckt, jeweils einer im Politikressort und im Feuilleton.

Alle Artikel nehmen Bezug auf den häufigen Wechsel der Redaktionen. Er wäre in den Redaktionen geblieben, „bis es ihn nicht mehr hielt, bis man sich überworfen hatte. Dann zog er eben aus und weiter, gern ein bisschen nachtretend, wurde endlich ein freier und befreiter Mann", schreibt die SZ, für die er etwa zehn Jahre zu Beginn seiner Karriere tätig war. (51) Die FR weiß von einem weiteren „Abgang": „Er klebte nie an einem Redaktionssessel, stets ging es ihm um die Möglichkeit der inneren Einflußnahme. Wenn diese in seinem Sinne nicht mehr gegeben schien, ging er von alleine, wie im Falle der Welt, als diese auf die ´deutschnationale Schiene` einschwenkte." (49)

Die FR betont, daß es für Kuby selbstverständlich war, sich in die Nachkriegspolitik einzumischen. (49)[179] „Wie kein Zweiter hat er die Geschichte der Republik nicht nur verfolgt, sondern auch nach Kräften mitgestaltet," schreibt die taz und geht auf seine kritische Haltung gegenüber Konrad Adenauer und dessen Bemühen um eine Westintegration Deutschlands ein. (50)[180] Die SZ sieht in seiner Schreibmaschine eine Waffe, mit der er das durchsetzen wollte, was ihm wichtig erschien. (51)[181]

---

[179] Vgl. „Das Schreiben ist ihm im Laufe der Jahre zur Selbstverständlichkeit geworden, und mit der gleichen Selbstverständlichkeit und Unerbittlichkeit hat er sich über die Jahrzehnte bis heute in die deutsche Nachkriegspolitik kritisch eingemischt." (49)

[180] Vgl. „Der BRD warf er vor, für die Westintegration ihre Identität aufs Spiel zu setzen (...) und auch über die spießige Adenauer-Ära fällte er sein Urteil (...)." (50)

[181] Vgl. „Zeichne einen Mähnenlöwen, welcher – bewaffnet mit einer gewöhnlichen Schreibmaschine – (also vor Erfindung der Mediengesellschaft) nicht müde wurde, der `deutschen Frage´ ihre Hintermänner vorzuhalten." (51)

Seine Person tritt in den Artikeln in den Hintergrund, vielmehr wird Erich Kuby als ein Phänomen im Journalismus an sich gesehen. Die SZ schreibt: „Erich Kuby ist nicht zu erklären, allein deswegen, weil ein größerer Gegensatz zur Freizeit- und Spaßgesellschaft undenkbar wäre." (51) „Ich schreibe, wie ich atme," zitiert ihn die FR. (49) In allen Artikeln klingt eine gewisse Wehmut an und die Erkenntnis, daß Journalisten wie er selten geworden sind.[182] Die FR schreibt, daß Kuby selbst „den inneren Verfall der Presse" beklage und bei nachkommenden Journalisten „das Vorhandensein einer unverwechselbaren Handschrift" vermisse. (50) Die taz macht „grimmigen Alterspessimismus" aus, wenn Kuby „den geliebten Journalismus auf dem geraden Weg über den Kommerz zum Kannibalismus" sieht. (52) Er hätte „die deutsche Nachkriegspublizistik entscheidend mitgeprägt," stellt die FR fest (49) und die SZ sieht mit seiner „Witterung für Skandale" in ihm „den ersten investigativen Journalist der jungen Bundesrepublik" (51).

Zur Bewertung seiner journalistischen Arbeit lobt die taz eine „gedankliche, wie stilistische Gestaltungshöhe" und „klare, wohlgesetzte Worte". (52) Geprägt wurde Erich Kuby laut FR in erster Linie von seinen Erfahrungen mit dem Nationalsozialismus, die ihm „ein Lehrstück allererster Güte" waren. Deshalb ging es ihm stets darum, „für die eigenen Überzeugungen einzustehen". (49)

6.2.7 Henri Nannen – „Sonnenkönig über dem Stern"

Zu Henri Nannen wurden die meisten, nämlich 18 Artikel analysiert. Sein 80. Geburtstag 1993 und sein Tod 1996 veranlaßten die Presse dazu, seine Bedeutung als einer der letzten „publizistischen Gründerväter" (57) ins Gedächtnis zu rufen. Allein im „Stern" erschienen sechs Artikel. Drei Themen stehen im Mittelpunkt der Berichterstattung: seine Person, die von ihm geschaffene Illustrierte „Stern" und sein gesellschaftspolitisches Engagement in den Nachkriegsjahrzehnten. Daß Nannen ein politischer Mensch war, zeigt sich auch in der Ressortverteilung der Artikel: neun waren im Ressort Politik zu finden, vier im Feuilleton und fünf auf den Medienseiten.

---

[182] Vgl. „Ausgestorben ist solcher Impetus, verdächtig sein immenser Fleiß. Eingeebnet ist der Phänotyp des hochgebildeten musischen Großbürgers, welcher vehement wider seine eigene Klasse ficht." (51)

Seine Bedeutung in den gesellschaftlichen und politischen Entwicklungen während der Nachkriegsjahrzehnte ist in 16 Artikeln ein Thema. Wie Augstein wird Nannen dabei eine einflußreiche Rolle zuerkannt.[183] Vor allem sein Engagement für die Ostpolitik Willy Brandts wird herausgestellt. Gern hätte er sich dabei auf eine Stufe mit den Politikern gestellt: „Er begleitet Adenauer 1955 nach Moskau, Brandt 1970 nach Warschau und wie selbstverständlich taucht er immer in der ersten Reihe auf," schreibt die F.A.Z. .(55) Auch eine Vorliebe für Kampagnen wird ausgemacht: gegen die englische Besatzungsmacht oder Adenauer und Strauß (52), für hungernde Kinder in Äthiopien (58) oder eben die Ostpolitik, indem er zur Versöhnung mit dem Osten aufrief (60). Der „Stern" betont vor allem Nannens Verdienste um den Aufbau der Demokratie nach dem Nationalsozialismus: „Er gehörte zu den publizistischen Gründervätern dieser Republik und lehrte die von den Nazis entwöhnten Deutschen, warum Kritik und Widerstand für ein Gemeinwesen soviel fruchtbarer sein können als blinder Gehorsam." (57)[184] Die Hitlerjahre hätten Nannen geprägt: „Da wachsen Überzeugungen, da weiß man, was Krieg bedeutet." (67)

Sein Selbstverständnis ist in zehn Artikeln ein Thema. Mit der Rolle des passiven Beobachters wollte sich Nannen demnach nicht zufrieden geben: Politik sei nicht Aufgabe der Presse, wohl aber sie „gelegentlich zu korrigieren oder zu begleiten," beschreibt die F.A.Z. Nannens Aufgabenverständnis eines Journalisten. (55) Theo Sommer von der „Zeit" erinnert sich: „Er selber sah sich eher als ´Einzelkämpfer in Sachen gesunder Menschenverstand` oder als ´Reichsgericht des kleinen Mannes`". (60) Der „Stern" macht Parteinahme „aus vollem Herzen" aus und sieht darin eine Eigen-

---

[183] Vgl. „Zusammen mit Gerd Bucerius, Rudolf Augstein und Axel Springer gehörte Henri Nannen in den fünfziger und sechziger Jahren zu dem Hamburger Zeitungsquartett, das nicht nur die Medienlandschaft der Republik nachhaltig geprägt, sondern darüber hinaus auch im politischen Raum eine einflußreiche Rolle gespielt hat." (54); „Er hat die Politik der Bundesrepublik in beachtlicher Weise beeinflußt." (55); „Sein Einfluß auf Politik, Wirtschaft und Gesellschaft ist längst legendär." (57)

[184] In weiteren Artikeln schreibt der „Stern": „Als Chefredakteur und Journalist des 1948 von ihm entwickelten STERN trug Nannen wesentlich zum Aufbau der öffentlichen Meinungsvielfalt in Deutschland bei – und damit der gerade erst begonnenen, noch in Entwicklung stehen Demokratie."(63); „Kein Zweifel, daß ohne ihn und den STERN diese streitbare Demokratie, in der wir leben, nicht ganz so streitbar geworden wäre." (67)

schaft, die den meisten Gründern von damals gemeinsam war: „Sie alle hatten eine persönliche Vision, eine innere Orientierung. Sie wollten ihre Botschaft mitteilen, wollten Einfluß nehmen, die Zeit mit gestalten." (64) Die „Welt" schreibt: „Ein Betrachter und Beobachter, der schon wegen seines Selbstdarstellungsdrangs aus der klassischen Voyeur-Rolle des Journalisten in die des Akteurs schlüpft oder sich zumindest auf deren Ebene angesiedelt sehen will." (65)

Zwischen der Beschreibung seiner Person und seiner Arbeitsweise wird kaum unterschieden. Positiv wird sein Selbstbewußtsein (54), seine Nervenstärke (63) und seine Souveränität (67) gewertet. Nannen wird aber auch als eigenwillig (56), launisch (57), ego- und exzentrisch (60) beschrieben. Als eine „Persönlichkeit voller Widersprüche" sieht ihn die F.A.Z. .(55) „Ein Berserker, ein Besessener, ein Mensch voller Lebensfreude und Tatendrang, ein Genießer und Charmeur, ein Vollblutjournalist, ein Chefredakteur und Sklaventreiber, ein Mensch!" beschreibt ihn der „Stern". (67) Mit Blick auf seine Arbeit wird er als „Wahrheitsfanatiker" (57) und „Perfektionist" (60) gesehen. Der „Stern" macht eine „Lust am Zeitungsmachen" aus. (63) „Den Journalismus, das Schreiben hatte er in den Fingerspitzen. Er machte den Stern aus dem Bauch", schreibt die „Zeit". (60)

Wie sehr Nannens Erfolg mit dem „Stern" verbunden ist, wird in 16 von 18 Artikeln deutlich. „Ein lebensstrotzender `Musikdampfer´ sollte die Illustrierte nach Absicht seines Erfinders sein," schreibt die F.A.Z. (55) und die SZ bezeichnet den „Stern" als „bunt gemischte Wundertüte" (68). „Mit einer Mischung aus Sex, politischer Streitlust und schrillen Fotoreportagen machte er das Magazin zur Geldmaschine und zum meinungsführenden Blatt in Deutschland," schreibt die taz. (58)[185] Die FR gesteht Nannen die Fähigkeit zu, „für das Blatt die jeweils richtige Mischung" zusammenzustellen. (54)

---

[185] Auch die FR schreibt: „Nannen hat den Stern zum am besten gemachten Bilderblatt und zum auflagenstärksten Magazin seiner Art in Europa entwickelt." (54); Die F.A.Z.: Nannen hat die bedeutendste deutsche Illustrierte geschaffen, und die Tatsache, daß der Stern heute überlebt (...) ist der einzigartigen journalistischen Begabung diese `Blattmachers´ zu verdanken." (55); Der „Spiegel": „Er machte aus dem Stern eine ernstzunehmende Illustrierte." (69)

Bewertungen seiner journalistischen Produkte, abgesehen vom „Stern" als Gesamtprodukt, tauchen in nur vier Artikeln auf. Die SZ sieht Nannen als „glänzenden Schreiber" (68), andere Medien teilen dieses Urteil.[186] Die „Zeit" macht ein großes Interesse für Details aus und vergleicht Nannen mit einem Maler: „Tupfen um Tupfen fügten sich bei ihm die Farben zum Bild: erst das Anekdotische, dann das Sachliche, schließlich das Urteil, oft genug vernichtend." Außerdem hätte er die Reportage der „Klugscheißerei der Kommentatoren" vorgezogen. (60)

Neun der 18 Artikel beschreiben die Wirkung, die Nannen beim Leser erzeugte. Ihn sah Nannen laut „Woche" als „wichtigste Instanz" (57), für die FR hatte er einen „Instinkt für die heimlichen Wünsche des Lesers" (54).[187] Die SZ sieht in Nannen den eigentlichen Erfinder der Leser-Blatt-Bindung. (68) Es sei „ein stiller, aber dennoch heftiger Dialog" zwischen den beiden gewesen (67), dennoch habe Henri Nannen den Leser als Partner gesehen und ihn immer ernst genommen (64)[188].

Auch die Redaktion konnte sich seiner Wirkung nicht entziehen. Die Autoren der 13 Artikel, die sein Verhältnis zu seinen Mitarbeitern thematisieren, sind sich einig: „Er herrschte über die Redaktion des Stern wie ein Sonnenkönig". (55)[189] Der „Stern" spricht von einem „fruchtbaren Spannungsverhältnis" und „Haßliebe". (64) Nannen hätte es verstanden, seine Mitarbeiter zu motivieren und sie zu Höchstleistungen zu treiben, so die „Woche".

---

[186] Vgl. „Und er beschrieb die Menschen ohne Schnörkel, präzise und bunt." (60); „Er schrieb klar und einfach verständlich." (62)

[187] Die „Woche" schreibt: „Nannen hat sein Publikum nie gefragt, ob er es verführen darf. Er tat es einfach." (57); Der „Stern": „Nannen liebte seine Leser. Er kannte ihre Sehnsüchte und Träume." (62); Die „Zeit": „Er brauchte keine Marktforschung, um zu wissen, was beim Publikum ankam, ihm sagte das eigene Zwerchfell, was die Menschen bewegte." (60)

[188] Vgl. „Seine Briefe an die Sternleser waren immer Pamphlete, Kampfansagen, Aufrufe, Trompetenstöße, die bis heute die Frische des Augenblicks bewahren." (64)

[189] Vgl. „Nannen dirigierte seine Redaktion wie ein Zirkusdirektor." (60); „Wie ein Tyrann schwingt er die peitsche über die Redaktion und brüllt gelegentlich, dass der Kitt in den Fensterscheiben zerfällt." (65); „Seine Redaktion war sein Orchester und er der Dirigent." (67)

(59)[190] Für die taz war Nannen die „die Lokomotive, die den Redaktionszug auf den Affenfelsen zog." (58)

„Der Stern war von Anfang an Henri Nannen und Henri Nannen war der Stern." (62) Diese Erkenntnis des „Stern" zweifeln auch andere Medien nicht an.[191] Der Skandal um die Hitlertagebücher dagegen wird als Einschnitt gesehen, der Nannen vom „Stern" entfernt habe: „Den Stern verließ er, ohne zurückzublicken," schreibt der „Stern" selbst. (62) Die F.A.Z. macht „viel Distanz zum eigenen Produkt aus" (56) und auch die SZ sieht Nannen gegen Ende seines Lebens „innerlich ganz weit weg" von der Illustrierten (68). In fünf Artikeln machen sich die Autoren Gedanken über die Zukunft des „Stern". Die Hitlertagebücher hätten dem „Stern" eine Wunde geschlagen, „die noch immer schmerzt," so die „Zeit". (60)[192] Auch Nannens Versäumnis, einen Nachfolger heranzuziehen, wird erwähnt: „Eines allerdings hat dieser König nicht verstanden: sich einen starken Kronprinzen zu suchen, der sein Werk fortsetzen konnte." (54)

Seine Wirkung auf den Journalismus ist in sieben Artikeln ein Thema. Die taz sieht ihn als den Erfinder „des klatschsüchtigen Soraya-Journalismus" (58), die „Woche" führt das „Prinzip der Schwiegermutter" auf Nannen zurück (57)[193]. Der „Stern" schreibt: „Das Wort Zeitschriftenjournalismus ist nicht ohne sein Beispiel und seine Genialität zu definieren." (67) Als ein Vorbild wird Nannen aber in keinem der Artikel bezeichnet. „Freilich, es waren andere Zeiten – Goldgräberzeiten," beschreibt der „Stern" Nannens Einstieg in den Nachkriegsjournalismus. (64) Bezüglich seiner Ausbildung

---

[190] Die „Zeit" schreibt: „Weil er selber Feuer hatte, konnte er Menschen entflammen. Weil er sich begeisterte, begeisterte er andere." (60); Die „Woche": „Er trieb sie zu Höchstleistungen, einige zerbrachen an seinen Anforderungen, mancher journalistische Adler verglühte in seiner Nähe zum Suppenhuhn." (57)

[191] Vgl. „Henri Nannen war der „Stern", und der „Stern" wird – solange er existieren wird – weiterhin von den Impulsen leben, die ihm sein Gründer verliehen hat." (55); „Der Stern war sein journalistisches Baby, das er gezeugt und großgezogen hat." (68)

[192] Die „Welt" sieht in dem Skandal „einen Dolchstoß für Nannens Lebenswerk." (65)

[193] „War Nannen mit einem Manuskript nicht einverstanden, war es ihm zu kompliziert, nicht populär genug geschrieben, zog er seine Schwiegermutter aus der Tasche. Die habe es gelesen und nicht verstanden, und wenn die schon nicht, wer sollte es dann." (57)

zitiert ihn die FR: „Ich bin halbgebildet." Alles was er könne, habe er letztlich durch eigenes Erleben und Erfahren gelernt. (54)

Nannen wird von allen Autoren als eine herausragende Persönlichkeit des deutschen Journalismus geschätzt.[194] Vor allem der „Stern" verabschiedet sich teilweise pathetisch von seinem Gründer.[195] Augsteins Nachruf auf Nannen läßt zwar Bewunderung, aber auch Distanz zwischen den beiden erkennen: „Ich weiß nicht, wer er war. In jedem Fall ein Stoff für Orson Welles: `Citizen Henri´". (69)

6.2.8 Gerd Ruge – „Ein Überbleibsel"

Steht bei anderen Journalisten die Person oder der Einfluß auf die Gesellschaft im Mittelpunkt der Berichterstattung, so liegt bei Gerd Ruge der Schwerpunkt auf seiner Arbeit als Auslandskorrespondent. Es wurden 13 Artikel analysiert, elf davon waren auf den jeweiligen Medienseiten zu finden, einer im Politikteil und einer auf der Hochschulseite der SZ. In fünf Interviews stellt er sich vor allem Fragen zur Zukunft der öffentlich-rechtlichen Rundfunksender.

In acht der 13 Artikel sind Ruges Produkte ein Thema, die ausnahmslos positiv bewertet werden. „Erzählerisches Talent" macht die „Woche" aus (76), „Professionalität und Qualitätsjournalismus" zeichnet für die F.A.Z. Ruges Arbeit aus (74). Besonders betont wird seine Fähigkeit, auf andere Menschen einzugehen und Stimmungen einzufangen: „Seine Reportagen sind ein feines Netzwerk von Beobachtungen und Stimmungen," schreibt die

---

[194] Die „Woche" schreibt: „Aber genau so richtig ist, daß er ein großer Journalist und Verleger war." (57); Die „Zeit": „Er war einer der letzten aus der Generation der Gründerväter." (60); Die Welt: „Nannen war einer der großen deutschen Medienpersönlichkeiten." (71)

[195] Vgl. „Wir haben einen Freund verloren, aber in unserer Erinnerung ist er sehr lebendig und Erinnerungen sind Bausteine der Seele!" (62); „Der Gründer des Stern war schon zu Lebzeiten eine Legende." (62), „daß er nach seinem Abschied vom Stern dank seines Großmuts, seiner Liebe und einer Hinwendung zum Menschen noch etwas so Beispielloses zustande brachte wie die Kunsthalle in Emden macht ihn zu einem der herausragenden Menschen der deutschen Nachkriegsgeschichte: keiner war parteilicher und gerechter und großzügiger, rabiater und liebevoller, großrahmiger und demütiger als er. Die Sternredaktion verdankt ihm alles, ihr Blatt, seine Existenz. Sie ist ihm und seinem Journalismus verpflichtet." (62)

SZ. (79) Geschätzt wird auch seine Nähe zur Alltagswirklichkeit der Menschen: „Er trank und tanzte mit ihnen, ließ sie reden und erzählte auf diese Art doch selbst." (81)[196]

Bezüglich seines Selbstverständnisses als Journalist, das in acht Artikeln beschrieben wird, findet seine Weigerung, sich in den Vordergrund zu drängen, Anerkennung. Er selbst sieht sich als „Überbleibsel aus der angelsächsischen Schule". (72) Die „Woche" schreibt: „Gerd Ruge greift nicht mit seinen Reportagen ein, um andere Menschen zu verändern, sondern um Menschen einander näher zu bringen." Außerdem wird an ihm eine Anteilnahme geschätzt, die „Nähe vermittelt, ohne voyeuristisch zu sein." (76) Alle Medien sind sich einig, daß Ruge die Menschen in den Mittelpunkt stellt, ohne ihnen zu nahe zu treten.[197]

Ruge im „Spiegel" über sich selbst: „Ich habe mich jedoch immer gern zurückgenommen und lasse lieber die Leute reden. Ein Reporter muß sich nicht selber in den Vordergrund spielen." (72) Dem „Focus" antwortet er auf die Frage nach seinem Aufgabenverständnis: „Die erste Pflicht des Korrespondenten ist, anständige Arbeit zu machen." (84)

Die SZ beschreibt Ruge als „bescheiden" und „altmodisch in seiner Neugier". Er selbst hält „gesunde Füße und Neugier" für die wichtigsten Eigenschaften eines guten Reporters. (80) Die Wirkung seiner Arbeit auf das Publikum ist in drei Artikeln ein Thema. Die „Welt" schätzt an Ruge, daß er stets auf Klischees verzichtet habe: „Damit hat er der Sehnsucht der Zuschauer nach Wahrhaftigkeit im Fernsehen entsprochen." (75) „Dabei ist Ruge auf uneitle Weise präsent, er nimmt den Zuschauer bei der Hand, läßt ihn Dinge sehen und miterleben, ohne dabei zu belehren," schreibt die „Woche" (76) und für die SZ wirkt Ruge glaubhaft, weil „er nicht tut,

---

[196] Die „Woche" schreibt: „Sein Geheimnis ist einfach zu lösen und doch schwer zu kopieren, denn Gerd Ruge sieht die Menschen mit seinem Herzen. Er öffnet sich dem Bergarbeiter, dem Rentierzüchter, der Traktoristin, dem Wissenschaftler, bietet ihnen das Gespräch über deren Alltag, deren Sorgen, deren Wünsche an." (76)

[197] Vgl. „Er mag die Menschen, das was banal ist an ihnen genauso wie das, was erhaben ist, er rückt an sie heran, doch er rückt niemanden auf die Pelle." (78); „Wirklichkeit vermitteln, vor Ort und nah an den Menschen sein – das ist seit vierzig Jahren das Motto des Fernsehjournalisten Gerd Ruge." (80)

als sei er eine graue Eminenz, umgeben von einer Aura der Unfehlbarkeit" (78).

In sieben Artikeln wird Ruges Ausbildung angesprochen. Die F.A.Z. erwähnt, daß er studieren wollte, zunächst aber zu jung war und nebenbei für Rundfunk und Fernsehen arbeitete. Dann habe er ein Angebot erhalten, auf die Rundfunkschule zu gehen. Ein halbes Jahr später wurde er gefragt, ob er nach Köln zum WDR gehen möchte. (74) „In diesen Jahren war keine Zeit für akademische Vorbildung," schreibt die „Woche". (76) Die Lehrjahre beim Hörfunk hätten seine Handschrift geprägt, so die „Welt". (75) Als sein Vorbild nennt Ruge dem „Spiegel" Hugh Carlton Greene, der im Auftrag der britischen Besatzer den deutschen Rundfunk aufgebaut hat. „Das war ein außerordentlich toleranter Mann, mit typisch angelsächsischen Zugang zum Journalismus: nicht zu subjektiv, nicht flamboyant, auf Abstand bedacht." (72) Der SZ gesteht Ruge, daß er sich durchaus bewußt ist, daß ein Bewerber bei den Öffentlich/Rechtlichen heutzutage ohne Hochschulabschluß keine Chance mehr hat. „Trotzdem sehe ich den puren Diplom-Fernsehjournalisten in Zukunft nicht. Auch heute braucht der Reporter zuerst gesunde Füße, um hinzugehen, wo was los ist, und Neugier, um beim Weggehen zu wissen, was passiert ist." (80)

Umstände, die seinen Aufstieg begünstigt haben, werden in neun Artikeln erwähnt. Ruge sei „zur rechten Zeit am rechten Ort" gewesen (73) und hätte „großes Glück mit seinen Einsatzorten" gehabt. „Glück ist aber auch die Kunst, kein Pech zu haben," sagt Ruge selbst dazu. (72) Durch Zufall hätte er nach dem Krieg als erster deutscher Journalist ein Visum für Jugoslawien bekommen. (74) Für die FR ist dies vor allem so erstaunlich, weil Ruge damals Berufsanfänger und gerade einmal 22 Jahre alt war. Seitdem sei er die letzten 50 Jahre bei allen wichtigen Ereignissen immer irgendwo am Bildrand zu sehen gewesen. (75)[198] Ruge erklärt seinen Erfolg in den Interviews in erster Linie damit, daß das Fernsehen Anfang der Sechziger Jahre seinen „Siegeszug als Massenmedium" antrat und das Publikum – relativ

---

[198] „Mal neben dem feingliedrigen indischen Premierminister Jawaharlal Nehru, mal neben dem bulligen US-Präsidenten Lyndon B. Johnson. Er taucht auf Kriegsbildern von der Tet-Offensive in Saigon auf. Auf dem Balkon in Memphis, auf dem Martin Luther King geschossen wurde; dem Weinen nahe, berichtet er von dem Attentat auf Robert Kennedy, dem Ruge nahestand und den er schätzte." (75)

unabhängig von dem, was gesendet wurde – „an den Apparaten hing". Hohe Einschaltquoten wären aufgrund des Monopols der Öffentlich-Rechtlichen nicht erstaunlich gewesen. Die 60er Jahre sieht er als die beste Zeit des Fernsehens an, da es damals möglich gewesen sei, Anstöße zur Demokratisierung der Republik zu geben. Das Fernsehen hätte noch Einfluß nehmen können. (72) Probleme sieht Ruge vor allem auch durch die Konkurrenz mit den Privaten. Der Quotendruck zwinge die Öffentlich-Rechtlichen dazu, ihr Programm umzustellen. „Aber wenn die Zuschauerzahlen zum einzigen Maßstab werden, sinkt die Qualität." Dennoch sieht er eine Chance für ARD und ZDF: „Die Zuschauer lehnen es auf Dauer ab, mit Häppchen überfüttert zu werden," sagt er dem „Spiegel". (73)

Obwohl sich Ruge immer auf seine Arbeit konzentriert hat, spricht ihm die „Welt" auch eine gesellschaftspolitische Bedeutung zu: „Er hat sich um die interkulturelle Vermittlung zwischen Rußland und Deutschland im Sinne des friedlichen Europas verdient gemacht." (75) „Ein Vorbild" titelt die F.A.Z. einen Artikel über Ruge. (82) Die SZ berichtet über seine Tätigkeit als Dozent an der Hochschule für Film und Fernsehen. Er selbst freue sich dabei vor allem über Diskussionen darüber, „was gut und was schlecht ist." (80)

Gerd Ruge wird in der Berichterstattung als „Ausnahmeerscheinung im deutschen Journalismus" gesehen. (76) Als er sich 1993 von der ARD in den Ruhestand verabschiedet, schreibt die taz: „Der schwerste Verlust". (83)

6.2.9 Carola Stern – „Eine Oase der Ehrlichkeit"

Carola Stern verließ Anfang der 50er Jahre Ostdeutschland in Richtung Westen. In der Berichterstattung wird deshalb vor allem ihre Rolle als Vermittlerin zwischen Ost und West betont. Über Carola Stern sind sechs Berichte und zwei Porträts erschienen. Vier Artikel wurden auf den Medienseiten gefunden, zwei im Feuilleton und zwei im Politikteil.

Ihre gesellschaftspolitische Bedeutung wird in sieben der acht Artikel angesprochen. Im Mittelpunkt stehen ihr Engagement für die Aussöhnung mit dem Osten und für die Menschenrechte. „Wenn es um Menschenrechte und Moral ging, um Zivilcourage und Toleranz, war sie zur Stelle," schreibt die F.A.Z. .(85)[199] Alle Artikel weisen darauf hin, daß sie Mitbegründerin der deutschen Sektion von „Amnesty International" ist.

Auch den schwierigen Annäherungsprozeß zwischen Ost- und Westdeutschland vor und nach der Wiedervereinigung hätte sie als Herausforderung gesehen. Die taz schreibt von Sterns Verständnis gegenüber den Problemen ihrer Landsleute (87)[200] und die F.A.Z. beschreibt sie als „kleine Kämpferin" und als „Streiterin auf den Barrikaden der Öffentlichkeit" (85). Die FR stellt ihr Gespür für Mängel der westdeutschen Demokratie heraus. (89)[201] Carola Stern wird als Vertreterin eines Meinungsjournalismus gesehen[202], die nicht auf Selbstkritik verzichtet (92)[203].

Als einen weiteren Schwerpunkt ihrer Arbeit nennt die „Welt" den Einsatz für die Frauenbewegung, der sich auch in einigen ihrer Bücher zeige. (90) Der „Stern" macht in diesen Büchern etwas Autobiographisches aus, da starke Frauen geschildert werden, „die jede für sich, Konventionen und traditionellen Rollenverständnissen zum Trotz, ihren eigenen Weg gegangen sind." (89) Die F.A.Z. macht bei Carola Stern, obwohl sie eine der wenigen Frauen ist, die sich in den Nachkriegsjahrzehnten im Journalismus durchsetzen konnten, Resignation bezüglich des Geschlechterkampfes aus: „Sie macht sich keine Illusionen darüber, wie weit es damit seither gediegen ist." (85)

Ihre Kindheit und Jugend werden in der Hälfte der Artikel thematisiert. Nationalsozialismus und Kommunismus hätten sie besonders geprägt: „Was das Wichtige, das Entscheidende in ihrem Leben gewesen sei: diese Frage

---

[199] Die SZ schreibt: „Ihr Name steht stellvertretend für Menschenrechte und Gewaltfreiheit." (86)

[200] Vgl. „Es sei für sie damals schwer gewesen sich einzuleben. Heute verstehe sie die Schwierigkeiten ihrer ostdeutschen Landsleute allzu gut." (87)

[201] „Als Journalistin wird Carola Stern zu einer couragierten Stimme im linksliberalen Lager, die Mängel und Defizite der westdeutschen Demokratie benennt und kritisiert." (89)

[202] Vgl. „Lange Zeit stand ihr Name für meinungsbildenden Journalismus mit dem Mut zu keineswegs immer mehrheitsfähigen Ansichten ohne ideologische Scheuklappen." (90), Auf ihrem argen Erkenntnisweg zum freien Meinungsjournalismus blieb sie dem Vorsatz treu, `nie wieder blindlings zu glauben´." (92)

[203] Vgl. „...daß sie sich in ihr forderndes Engagement für freiheitliche Werte und gelebten Humanismus stets einbringt mit harten Fragen, wer sie selber sei."(92)

beantwortet Carola Stern zuvörderst damit, Zeugin des 20. Jahrhunderts, eben des Totalitarismus gewesen zu sein. Dieses deutsche Phänomen, sowohl in brauner wie in roter Gestalt, prägt ihre frühen Jahre mit, in der Akzeptanz wie in der Ablehnung. Letztendlich wird es auch zur Triebfeder für den anderen Lebensabschnitt, den aufgeklärten, den engagierten," schreibt die FR. (89) Auch andere Medien gehen auf ihr Heranwachsen unter zwei verschiedenen Diktaturen ein.[204] Diese Erfahrungen hätten sie „immun gegen jede Art von Heilsversprechungen gemacht," so die „Woche". (91) Die FR sieht in ihrer Wahl des journalistischen und publizistischen Berufs den Versuch, ihre Vergangenheit zu bewältigen und führt ein Zitat Sterns an: „In der ersten Phase meines Lebens habe ich viel Unsinn gemacht, den Rest meines Lebens habe ich versucht, soweit es geht, es wieder gut zu machen." (89)

Die F.A.Z. sieht Carola Stern als Vorbild: „Pastor Heinrich Albertz nannte die Jubilarin einmal `eine Oase der Ehrlichkeit in der Wüste der Heuchelei´. Wir bräuchten mehr davon." (92)

6.2.10 Peter von Zahn – „Ein Meister des Wortes"

Die Aufbruchstimmung, von der Gesellschaft und Journalismus nach Ende des Zweiten Weltkriegs erfaßt wurden, dominiert die Berichterstattung über Peter von Zahn. Es wurden sechs Artikel gefunden: zwei im Politikteil, zwei im Feuilleton, einer auf den Medienseiten und einer im Hamburger Lokalteil. Peter von Zahns Erfolg wird in der Berichterstattung nicht wie bei vielen anderen Journalisten dieser Generation auf eine Parteinahme, sondern in erster Linie auf die Wirkung seiner journalistischen Arbeit zurückgeführt.

In den fünf Artikeln, die seine gesellschaftspolitische Bedeutung ansprechen, steht seine Korrespondententätigkeit in Amerika von 1951 bis 1964 im Mittelpunkt. Mit den „Bildern aus der neuen Welt" förderte er zum einen die Kenntnis der Deutschen über Amerika, so die F.A.Z. (93), zum anderen hätte er bei den Deutschen wieder ein Gefühl von Hoffnung und

---

[204] Vgl. „Als sie fünfundzwanzig Jahre alt war, hatte sie beides erfahren: die Nazizeit wie den Kommunismus in der DDR." (85); „Großgeworden in zwei Diktaturen, hat sie bis zu ihrer Flucht aus der DDR 1951 nie in einer Demokratie gelebt." (87)

Aufbruch geweckt: „Zahns Berichte von draußen ließen die Deutschen erahnen, daß jenseits der Grenzen ein großes buntes und reiches Leben darauf wartete, von ihnen entdeckt zu werden," schreibt die „Zeit". „Mit Stil und Stimme hatte er sich in den ersten Nachkriegsjahren eine Hörergemeinde versammelt. Denn das Radio als Informationsmedium war ja der Nation im Aufbruch zu einem Lebenselixier geworden," so die „Zeit" weiter. (95)

Aber auch bezüglich Kommunikation und Information übernahm der Rundfunk, den Peter von Zahn zusammen mit anderen in diesen Jahren verkörperte, eine wichtige Funktion. Die F.A.Z. zitiert aus Zahns Erinnerungen: „Der Rundfunk war das einzige Mittel, den Dialog mit einer breiteren und empfänglicheren Öffentlichkeit zu führen (...) Wir galten auch als Wetterhähne, an denen sich messen ließ, woher bei den Alliierten der Wind wehte." (93) Auch zur Bewältigung der nationalsozialistischen Vergangenheit hat Zahn laut „Zeit" beigetragen: „Peter von Zahn: Das war die Stimme, die Joseph Goebbels aus dem Äther verscheuchte, die Gegenstimme zu Hans Fritzsche, dem Chefpropagandisten, das war, um es neudeutsch auszudrücken, die Entsorgung der Lüge." (95) Herausgestellt wird außerdem sein Engagement für die Westintegration Deutschlands (94)[205], wodurch er ein Gegengewicht zu den Journalisten bildet, die sich gegen Adenauers Politik stellten. Obwohl er sich selbst nicht als Politiker sah, macht die „Zeit" einen Wunsch nach Einflußnahme aus.[206] Dabei habe er aber nie aus dem Blick verloren, welche besondere Verantwortung einem Auslandskorrespondenten zukommt. (96)[207]

Bei der Bewertung seiner Produkte steht die Sprache im Mittelpunkt. Die „Welt" schreibt: „Ein Meister des Wortes". (94) „Keiner sprach wie er",

---

[205] Vgl. „Von Zahn galt als Anhänger der Westpolitik Adenauers, geriet zu Anfang der fünfziger Jahre aber mitunter in Konflikt mit der Bonner Regierung." (94)

[206] Vgl. „Er wollte immer – das sagt er selbst – nicht nur ein möglichst großes Publikum erreichen, auch die in der Eckkneipe, sondern vor allem diejenigen, die Entscheidungen treffen."(96)

[207] Vgl. „Aber er hat sich auch immer wieder selbstkritisch den Fragen gestellt: Was ist ein Auslandskorrespondent; welches sind die Parameter seiner journalistischen Arbeit; ist seine Tätigkeit politisch meßbar, und wieviel darf er selbst bewegen wollen?" (96)

meint die „Zeit". (95)[208] Ähnlich wie bei Gerd Ruge schätzen die Autoren an Peter von Zahn, daß er bei seiner Berichterstattung stets „die alltägliche Lebenswirklichkeit im Auge gehabt" habe. (94)[209]

Seine Person wird als humorvoll (95) und ehrlich (98) beschrieben. Die „Zeit" macht Leidenschaftlichkeit, Anständigkeit und die Fähigkeit zur Selbstironie aus. Außerdem verfüge er über das „kostbarste Talent der Journalisten: ein unstillbarer Hunger nach Wirklichkeit und nach Welt." (95) Die F.A.Z. beschreibt Peter von Zahn als bescheiden und zitiert ihn: „Die Gabe, Beobachtungen in Worte zu fassen, ist mir nicht zugeflogen. Schreiben habe ich mir mit viel Mühe beigebracht. Erst als ich sprach, was ich geschrieben hatte, stellte sich Erfolg ein (...) Ohne diese Stimme mit ihrer sächsischen Verbindlichkeit wäre ich in der ersten Stunde weiter nicht aufgefallen. Einbilden kann ich mir darauf nichts. Die, welche meine Stimme mochten, haben mich gemacht."(93)

Auch Peter von Zahn sei vor allem durch die Herrschaft der Nationalsozialisten geprägt worden: „Die jungen Jahre im `Dritten Reich´ und im Zweiten Weltkrieg hatten Peter von Zahn gelehrt, aller Selbstgerechtigkeit zu mißtrauen," so die „Zeit". (95) Nach dem Krieg sei er zunächst als Gefangenendolmetscher tätig gewesen und dadurch mit dem von der britischen Besatzungsmacht geleiteten Hamburger Rundfunk in Verbindung gekommen. (94) Dort wäre er als einer der ersten deutschen Kommentatoren damit beauftragt worden, die Organisation des NWDR mit zu übernehmen. (93) „32 Jahre war er alt und wußte selbst kaum, warum er auf diesen Stuhl gekommen war und woher er die Chuzpe des geborenen Journalisten nahm, der zu allem und jedem eine Meinung formulieren mußte," schreibt Herbert Riehl-Heyse von der SZ. „In einer Journalistenschule hatte er das alles jedenfalls nicht gelernt, es sei denn, man verträte die Ansicht, das Leben, das zu führen junge Menschen damals zu führen gezwungen waren,

---

[208] Die „Zeit" weiter: „Das Handicap vermittelte der Radiosprache Peter von Zahns den besonderen Rhythmus und die unverkennbare Farbe." (95),

[209] Vgl. „So lehrte er uns, die Weltpolitik auch aus der Sicht eines Farmers in Virginia zu sehen, einer Lehrerin in einem israelischen Kibbuz, die deutsche Teilung aus der Perspektive eines Botschaftsangehörigen in einem fremden Land und das Berlin-Problem aus dem Blickwinkel eines australischen Büroangestellten." (94)

habe von ganz allein eine schwer zu überbietbare Ausbildung zum Journalistenberuf geboten." (98)

Fünf Artikel schreiben Peter von Zahn eine Wirkung auf den Journalismus zu. Die „Welt" sieht eine „überragende Bedeutung für den Journalismus der Nachkriegszeit" (94). Die „Zeit" beschreibt ihn als „den Prototypus des Korrespondenten", der sich seine Unverwechselbarkeit auch im Fernsehen bewahrte. (95)[210] In allen Artikeln wird erwähnt, daß er „Die Reporter der Windrose" ins Leben gerufen hat, die „aus allen Ecken der Welt" berichteten.

Die „Welt" sieht Peter von Zahn als Vorbild: „Es wäre wünschenswert, wenn möglichst viele seiner Berufskollegen heute möglichst nachhaltig bei ihm in die Schule gehen mögen." (94) Obwohl Peter von Zahns Arbeit von allen Artikeln überaus positiv bewertet wird, klingt an, daß seine Karriere von der allgemeinen Stimmung des Neuanfangs begünstigt wurde: „Zahn wußte die unvergleichliche Chance zu nutzen: das Glück des Anfangs, der uns beschert war. Wir waren arm, bettelarm, fast jeder, aber in gewisser Hinsicht waren wir niemals freier als damals. Die alten Machtstrukturen waren zerbrochen, die neuen noch nicht verfestigt. Die Funktionäre der Parteien maßten sich noch nicht an, uns zu bevormunden. Wir nahmen kein Blatt vor den Mund. Die Stunde des Peter von Zahn," schreibt Klaus Harpprecht von der „Zeit". (95)

6.3 Zusammenfassung: Was macht „große" Journalisten „groß"?

In ihren *persönlichen Eigenschaften* – ob nun positiv oder negativ – werden die Journalisten als, jeweils auf ihre bestimmte Art, außergewöhnlich beschrieben, nicht der Norm entsprechend. Die Autoren der Artikel sehen sie als eigenwillige Persönlichkeiten, die leidenschaftlich und Abseits der breiten Ströme ihre Ziele verfolgt haben. Jeder der zehn Journalisten war bzw. ist demnach mit einem unverwechselbaren Unikatcharakter ausgestattet, der ihn einzigartig und erfolgreich machte. Heute wird dagegen Anpas-

---

[210] Vgl. „Er bewahrte seine hintertriebene und zugleich so offene und so kluge Naivität im neuen Medium des Fernsehens: ein Pionier der optischen Publizistik, in der sich Journalismus und Unterhaltung mischte." (95)

sungsfähigkeit groß geschrieben. Die jüngere Journalistengeneration bekommt mehr und mehr zu spüren, daß man „weniger Toleranz für Käuze und erratische Visionäre aufbringt – so brillant sie auch sein mögen."[211] Ruß-Mohl prophezeit: Die jüngeren Journalisten „werden aus einem anderen Holz geschnitzt sein als die früherer Generationen."[212]

Der Mut anders zu sein und ein eigenes Profil zu entwickeln, war sicher ein Grund für den Erfolg der Gründergeneration. Voraussetzung dafür ist aber auch ein Umfeld, das dieses Anderssein toleriert und Freiheit zur individuellen Entfaltung läßt.

Einzelne Produkte der Journalisten treten vollkommen in den Hintergrund der Berichterstattung. Zwar werden Rundfunkprodukte noch etwas häufiger bewertet, wie sich in den Artikeln über Ruge, von Zahn und Gaus zeigt, bei den Printjournalisten dominiert aber das Verhältnis Journalist – Gesellschaft. Bei Augstein, Nannen und Dönhoff stehen vor allem die Gesamtprodukte „Spiegel", „Stern" oder „Zeit" im Mittelpunkt, denen sie ihren „Stempel" aufdrucken konnten. Insgesamt setzen die Autoren scheinbar voraus, daß die Journalisten ihr Handwerk verstanden. Die Qualität ihrer Arbeit wird als Tatsache gesehen, die nicht zu beweisen ist. Werden überhaupt Kriterien genannt, sind diese meist subjektiver Natur. Sprache und damit einhergehende Unverwechselbarkeit sind von besonderer Bedeutung. Auch die Fähigkeit, dem Leser bestimmte Inhalte vermitteln zu können, werden wiederholt genannt. Das Beherrschen von Handwerksregeln wird nur am Rande als Grund für den Erfolg der Journalisten gesehen, bzw. gilt als Basis. Der Berichterstattung zufolge zeichnet einen „großen" Journalist vielmehr aus, wie er darauf aufbaut.

Die einzelnen Medien, bei denen die Journalisten gearbeitet haben, sind vor allem bei Nannen und Augstein häufig ein Thema. „Der Spiegel" und der „Stern" werden meist in die Betrachtungen einbezogen. Damit unterstreichen die Autoren, daß der Erfolg von Journalisten wie Augstein oder Nannen nicht möglich gewesen wäre, hätten sie nicht über ein wirkungsstarkes Medium verfügen können, mit dem sie ihre Meinungen multiplizierten. Auch der Bedeutungsverlust dieser Medien und deren ungewisse

---

[211] Zitiert nach: Ruß-Mohl 1992, a.a.O., S. 95
[212] Ebd., S. 95

Zukunft – finanziell wie personell – werden angesprochen. Das Nachfolge-Problem nahm auch Riehl-Heyse bei seinen Gesprächen mit 15 Vertretern der sogenannten „Gründergeneration" wahr: „Die Generation hat nämlich nicht nur diese Vergangenheit gemeinsam, sondern auch die Probleme mit der Zukunft. (...) und viele von ihnen müssen nun feststellen, daß man zwar sehr gut den Reichtum weitergeben kann an die Söhne und Töchter, auch den weithin schallenden Ruf eines Namens, aber nicht die Leidenschaft, mit der man selber Zeitungen und Bücher gemacht, verlegt, geschrieben hat. Und nicht das Talent."[213]

Auf das Zusammenspiel Journalist und **Redaktion** wird kaum eingegangen. Die Autoren betrachten die Journalisten und ihre Leistungen meist isoliert. Ausgespart wird der Anteil, den die Redaktionen am Erfolg der Journalisten hatten. Augstein wird in Bezug auf seine Mitarbeiter – vor allem den weiblichen gegenüber – als autoritär beschrieben, Nannen gar als „absolutistischer Herrscher", der seine Redaktion zu Höchstleistungen antrieb. Trotz gelegentlicher Meinungsverschiedenheiten konnten sie sich aber dem Respekt ihrer Redaktion sicher sein. Der langfristige Erfolg Augsteins und Nannens wäre ohne diesen Rückhalt wohl kaum möglich gewesen. „Unter Nannen war der Stern immer ein Blatt, das lebendig und kämpferisch für `höhere Ziele´ eintrat. Vor allem deshalb waren Redakteure und Reporter hochmotiviert – sie hatten nicht das Gefühl, lediglich Mehrwertbeschaffer für die Kapitaleigner zu sein,"[214] erinnert sich Jörg Andrees Elten, der für den „Stern" als Reporter aus der ganzen Welt berichtete.

Auch der **Leser bzw. Zuschauer** spielt eine eher untergeordnete Rolle in der Berichterstattung. Wird eine Wirkung thematisiert, werden Begriffe wie Faszination und Begeisterung gebraucht, weniger Information oder sachgerechte Vermittlung. Journalisten wie Augstein, Nannen und Ruge hätten sehr früh damit begonnen – jeder auf seine Art – eine Beziehung zum Leser, bzw. Zuschauer aufzubauen. Der Leser hätte sich dadurch ernstgenommen gefühlt. Über Jahre hinweg konnten sich diese Beziehungen festigen. Anonymität und Beliebigkeit kennzeichnen dagegen heute das Ver-

---

[213] Riehl-Heyse 1995, a.a.O., S. 15

[214] Elten, Jörg Andrees: Freiheit ist nur noch ein Wort. In: Medium Magazin, 11. Jahrgang 1996, Heft 12, S. 35

hältnis des Kommunikators zu seinen Rezipienten. Ohne besondere Bindung fällt es dem Leser oder Zuschauer leichter, sich abzuwenden.

Ein zentrales Thema der Berichterstattung ist die **Wirkung** der Journalisten **auf den Journalismus.** In vielen Bereichen der Medienlandschaft war das Kriegsende 1945 eine „Stunde Null". Für die damaligen Journalisten war es relativ leicht, ihre eigene Handschrift zu hinterlassen. Wenn die „Zeit" beispielsweise schreibt, daß Peter von Zahn nachfolgende Reportergenerationen geprägt hat, liegt das auch daran, daß er eines der wenigen Vorbilder überhaupt war. Die Leistungen der Journalisten werden dadurch keineswegs geschmälert, dennoch war es in dem Vakuum, das nach dem Krieg entstand, leichter, ein Profil zu entwickeln, als das heute der Fall sein dürfte. Die Presse hatte noch nicht das Fernsehen zum Konkurrenten und Ideen waren zuhauf vorhanden. „Es war die Vor-TV-Zeit, das publizistische Pleistozän von heute aus gesehen. Der Mensch war nicht schablonisiert, der Mond noch nicht besudelt. Die Welt konnte noch entdeckt werden. Die Bilder waren noch unverbraucht, die Geschichten noch nicht tausendmal erzählt, die Sprache noch deutlich. Ja, es gab Konflikte, Ängste, Elend, aber Zukunft war noch ein Wort voller Hoffnung," schreibt der „Stern" über den eigenen Erfolg von damals. (64)

Dominant in der Berichterstattung ist die Einbindung der Journalisten in den **gesellschaftspolitischen Kontext.** Nach Kriegsende kamen den Medien verantwortungsvolle Aufgaben zu. Die Bewältigung der nationalsozialistischen Vergangenheit und die Festigung der Demokratie erforderten von den Journalisten besonderes Engagement. Wenn die F.A.Z. schreibt, „Augstein hat sich um das Vaterland verdient gemacht" (9), drückt dies das Aufgabenverständnis vieler damaliger Journalisten aus. Auch die Geschehnisse der Sechziger Jahre und die Diskussionen um die Ostpolitik werden in der Berichterstattung immer wieder genannt. Die zehn Journalisten dieser Untersuchung sind – wenn auch unterschiedlich in ihrem Ausmaß – zu Mitgestaltern der Gesellschaft geworden. Dieser Einsatz wird in der Berichterstattung anerkannt. So schwer die damaligen Verhältnisse auch gewesen sein mögen, sie boten zahlreiche Möglichkeiten, Einfluß zu nehmen und die neue Republik zu formen. Heute scheint die Demokratie gefestigt, die deutsche Teilung ist überwunden. Das Problem des „Spiegels" gilt als symptomatisch: „Stefan Aust sagt zwar, große Politik finde nicht mehr statt. Golfkrieg vorbei, Einheit erreicht, Brandt stirbt nicht zweimal ... Wie soll

105

man, sagt Aust, aus solchen Verhältnissen Funken schlagen? Die Luft ist zwar politisch aufgeladen. Europa im Umbruch, vielleicht im Werden, das Wissenschaftsland unter Druck, die Arbeitslosigkeit riesig: Die Frage aber, wie sich das journalistisch attraktiv machen läßt, plagt den Spiegel. Und auch das Problem teilt er mit anderen." (5)

Das Selbstverständnis der zehn Journalisten wird in der Berichterstattung größtenteils als das eines aktiv Agierenden beschrieben, der eine Vision hat und alle Kräfte mobilisiert, diese umzusetzen. Simone Christine Ehmig hat untersucht, wie historische Ereignisse das journalistische Selbstverständnis beeinflussen. Sie macht in Bezug auf den Wandel der Generationen einen Rückgang der missionarischen Berufsmotive aus. Vorherrschend sei heute der Wunsch nach Selbstentfaltung und beruflicher Freiheit. Neutralität und Objektivität würden im Gegensatz zur „Gründergeneration" bei jüngeren Redakteuren hoch im Kurs stehen.[215] Auch heute zeigt so mancher Journalist „investigatives" Engagement – wenn es sich um das Privatleben von Prominenten handelt. Reißerische Geschichten erregen zwar kurzzeitig Aufmerksamkeit, im Gedächtnis verbleibt aber meist weder die Geschichte noch der Name des Produzenten. Der „Gründergeneration" nahm der Rezipient ihr Eintreten für gesellschaftliche Belange ab. Darin dürfte ein weiterer Grund für ihren Erfolg liegen.

Kindheit und Jugend nehmen in der Berichterstattung einen eher geringen Stellenwert ein. Werden prägende Einflüsse beschrieben, handelt es sich meist um Erfahrungen, die in den Jahren des Nationalsozialismus gemacht wurden. Diese Zeit weckte in den Journalisten Mißtrauen gegenüber der Obrigkeit und ein Verlangen nach Freiheit. Diese Generation hat erfahren, was es heißt, seine Meinung nicht frei äußern zu können, viele von ihnen haben selbst im Krieg gekämpft. Heute ist Freiheit zur Selbstverständlichkeit geworden – was auch gut ist. Doch die Erfahrungen mit der Unfreiheit wurden für viele damalige Journalisten zur „Triebfeder" für ihr außerordentliches Engagement. Herbert Riehl-Heyse schreibt in seinem Buch „Götterdämmerung": „Wer nicht weiß, wie sehr jene schrecklichen Jahre das Leben einer ganzen Generation für immer geprägt haben, der wird auch nicht verstehen können, was diese Generation später aus ihrem Leben ge-

---

[215] Vgl. Ehmig 2000, a.a.O., S. 307

macht hat, warum sie es so und nicht anders getan hat; und warum manches keinen Bestand haben wird, wenn sie einmal nicht mehr da sind."[216]

Die Ausbildung wird zwar am Rande erwähnt, dennoch entsteht der Eindruck, die Journalisten hätten ihr Talent größtenteils in die Wiege gelegt bekommen. Obwohl eine Begabungsideologie nicht direkt angesprochen wird, ist sie in der Berichterstattung allgegenwärtig. „Learning by doing" wurde laut Berichterstattung damals groß geschrieben. Und obwohl gerade diese Ausbildungspraxis heute wegen ihrer Unzulänglichkeiten der Kritik ausgesetzt ist, wird sie in den Artikeln überaus positiv dargestellt.

Kaum ein Thema ist *die Geschlechterproblematik* – wegen Materialmangels konnten ja auch nur zwei Frauen in die Analyse einbezogen werden. Die Medien erkennen an, daß Marion Gräfin Dönhoff und Carola Stern es geschafft haben, sich in einer Männerdomäne durchzusetzen. Die Autoren – fast ausnahmslos Männer – verschweigen aber, daß es für diese beiden Frauen einfacher war als für andere, in diesem Beruf Fuß zu fassen. „Zeit"-Redakteur Karl-Heinz Janßen erinnert sich an die Einstellung von Gräfin Dönhoff: „Trotz ihrer mangelnden journalistischen Erfahrung hatte die promovierte Volkswirtin Beachtliches einzubringen. Sie war schon vor dem Krieg durch Amerika und Schwarzafrika gereist, sie beherrschte die westlichen Sprachen (...), sie bewegte sich wie selbstverständlich in einem internationalen Netz von Beziehungen zu wichtigen Leuten aus Diplomatie und Presse, Universität und Kirche, auch zu Bankiers, Kaufleuten, Militärs, Künstlern. Beziehungen, die sich für die „Zeit" würden nützen lassen."[217] Auch Carola Stern konnte aufgrund ihrer Kenntnisse des SED-Apparates und der Lebensumständen in der DDR interessante Impulse einbringen. Die Erfolge der beiden sollen keineswegs geschmälert werden. Frauen mußten aber oft mehr bieten als ihre männlichen Kollegen, um einen geglückten Einstieg in den Beruf zu finden.

Die Aufbruchstimmung, die in den Nachkriegsjahren die Gesellschaft und den Journalismus erfaßte, hat **den Aufstieg** vieler Journalisten **begünstigt**. Nicht nur das Ende des Krieges, auch die Neuordnung der Medien eröffneten viele neue Möglichkeiten. Die F.A.Z. schreibt über Peter von Zahn: „Er

---

[216] Riehl-Heyse 1995, a.a.O., S. 15

[217] Schwarzer, Alice: Marion Dönhoff. Ein widerständiges Leben. Köln 1996, S. 169

hat die Gunst der Stunde genutzt, die jene vielen, welche nach ihm kamen, nie mehr hatten: daß nämlich das Radio die zuverlässigste Informationsquelle war." (93) Dazu kam etwas später auch die Etablierung des Fernsehens, wobei die öffentlich-rechtlichen Anstalten durch ihr Monopol relativ leichtes Spiel bei den Zuschauern hatten. Gerd Ruge gesteht ein: „Hätten sie damals die Programmauswahl von heute gehabt, hätten wir vielleicht nicht mal 10 Prozent bekommen." (72) Fähige Leute wurden überall gesucht, Glück und Zufall taten ihr Übriges. Die „Welt" schreibt von Dönhoffs Memoranden, die den „Zeit"-Herausgebern zufällig in die Hände fielen, Ruge bekam durch die Bekanntschaft mit einer Amerikanerin kurz nach dem Krieg als erster deutscher Journalist ein Jugoslawienvisum und Augstein hatte seine Lizenz nach Meinung der F.A.Z. in erster Linie dem Umstand zu verdanken, daß er am gleichen Tag Geburtstag hatte, wie der zuständige britische Presseoffizier. Sie nutzten die Chancen, die sich ihnen boten und machten etwas daraus. „Aber sie sind zweifellos aus dem Stoff gemacht, ohne den Erfolg und Macht, Kreativität und Reichtum nicht zu schaffen sind. Die Zeit war für solche Pioniere günstig, da hatten sie Glück, aber sie packten es auch mit beiden Händen."[218]

Nutzten die Gunst der Stunde: Rudolf Augstein (sitzend rechts) im Kreise seiner Redakteure.

Aus: Brawand, Leo: Die SPIEGEL-STORY. Wie alles anfing. Düsseldorf u.a. 1987

---

[218] Sternburg, Wilhelm von: Die Medienpioniere. In: „Die Zeit" vom 29.09.1995, S. 16

Wird der **heutige Journalismus** in den Artikeln bewertet, dann fällt der Vergleich mit den damaligen Verhältnissen meist negativ aus. „Die Woche" schreibt in einem Artikel über Rudolf Augstein: „Es geht um die Frage, wieviel ´Journalismus`, also originäre, ideentransportierende Kommunikation, übrigbleibt in einer Welt, die nach einem neuen `System´ tickt." (8) Teilweise entsteht bei der Lektüre der Artikel der Eindruck, früher wäre der Journalismus ohne Mängel gewesen, „Journalismus in Reinform" sozusagen, der nun zu betrauern ist, weil es nie wieder werden wird, wie es war. Teilweise klingt in der Berichterstattung aber auch an, daß der Journalismus der Nachkriegsjahre ein Produkt seiner Zeit war, webenso wie er es heute ist

Die Autoren sehen die zehn Journalisten selten als **Vorbild.** Ihnen scheint bewußt zu sein, daß vergleichbare Karrieren im heutigen Mediensystem kaum noch möglich sind. Die Strukturen sind starr geworden, die Räume für Ideen enger, der Konkurrenzdruck höher. Zwar stilisiert beispielsweise „Die Zeit" Marion Gräfin Dönhoff durchaus zu einem erstrebenswerten Ideal hoch, das aber nicht zu erreichen ist.

Inwieweit **die Perspektive der berichtenden Medien** objektiv oder subjektiv ist, läßt sich nicht immer zweifelsfrei bestimmen. Samthandschuhe ziehen die Autoren der Artikel aber selten an. Zwar werden teilweise pathetische Ausdrücke für Journalisten verwendet, die bei dem berichtenden Medium gearbeitet haben, Kritik wird aber nicht ausgespart. Auffallend kritisch ist die Meinung des „Focus" über Rudolf Augstein. Das Konkurrenzblatt des „Spiegel" nutzt den 70. Geburtstag Augsteins dazu, die Parteinahme, für den der „Spiegel" und auch Augstein jahrelang standen, abzuwerten und sich davon zu distanzieren. Besonders unsanft geht die taz mit Marion Gräfin Dönhoff und Rudolf Augstein um. Mit Ignoranz werden häufig Jacobi und Kuby gestraft, die sich teilweise im Streit von ihren Arbeitgebern getrennt haben. Mit der Entscheidung, ob berichtet wird oder nicht, legen die Medien somit auch die Bedeutung des Journalisten in der veröffentlichten Meinung fest.

7. Fazit und Ausblick

Wer sich zu Beginn dieser Arbeit erhofft hatte, den Erfolg der journalistischen „Gründerväter" vollständig erklärt zu bekommen, wird jetzt enttäuscht sein. Die Aspekte, die aus den analysierten Presseartikeln gewonnen und interpretiert wurden, können nur als Erklärungsansätze gesehen werden. Tatsächlich gründete der Erfolg dieser Journalistengeneration wohl auf dem Zusammenspiel vieler Faktoren wie Persönlichkeit, Talent, fundierte Ausbildung, günstige gesellschaftliche Rahmenbedingungen, Glück und vieles mehr. Was letztendlich den Ausschlag für den Erfolg gab, variiert von Journalist zu Journalist und wird wahrscheinlich immer ein Geheimnis bleiben, zumal „die Gründer" selbst häufig nicht den Grund für ihren Erfolg kennen. Deutlich wird aber, daß ein Journalist nicht isoliert betrachtet werden kann. Seine Person und die Individualität seiner Arbeit mögen zwar die Keimzelle des Erfolgs sein, aber von seinem Umfeld, bzw. dem System, das ihn umgibt, hängt ab, ob die Saat aufgehen kann.

Vielleicht sieht sich diese Arbeit auch dem Vorwurf der nostalgischen Beschönigung ausgesetzt. Im Rückblick wird die Vergangenheit häufig rosiger und die Gegenwart schwärzer als sie es tatsächlich sind. Die Journalisten, die sich in den Nachkriegsjahrzehnten einen Namen machten, setzten sicher auch ihre Ellbogen ein oder herrschten wie kleine Götter in den Redaktionen. Der Wunsch, berühmt und reich zu werden, war dem einen oder anderen insgeheim wohl mehr Ansporn als der Wunsch, die Welt zu verändern. Die Zeit war zudem günstig: Die Bundesrepublik suchte noch nach Autoren, die ihre Geschichte schrieben. Der Journalismus war nach dem Krieg ein ödes Land, das neu bepflanzt werden konnte: ein Boden, auf dem Visionen besonders gut wachsen. Die Zeit war eine andere, dennoch drängt sich die Frage auf, was aus den „Vollblutjournalisten" von damals geworden ist. „Für viele Anfänger heute ist die Arbeit in den Medien nur eine mehr oder weniger spannende Episode, sie haben keine großen Pläne mehr für die Zukunft. Heute ist jemand Reporter, der morgen in der Werbeagentur arbeitet und übermorgen an der Börse,"[219] kritisiert Siegfried Weischenberg.

---

[219] Weischenberg, Siegfried: Wertewandel. In: Journalist. Sonderheft 50 Jahre DJV. 1999, S. 21

Die Grenzen zwischen Journalismus und Public Relations, zwischen Information und Entertainment verwischen zusehends. In welche Richtung der Journalismus sich in den nächsten Jahren entwickeln wird, ist noch ungewiß. *Dem* Journalismus wird ein Ende prophezeit. Vielmehr werde es mehrere Journalismen nebeneinander geben, „als Vielfalt von Formen und Funktionen in der Gestaltung öffentlicher Kommunikation"[220]. Für Weischenberg ist es eine Illusion, daß darin „journalistische Persönlichkeiten als Fixsterne im Medienuniversum erhalten bleiben: Die Jäger und Sammler, die eigenverantwortlich handeln wie in der guten alten Zeit."[221] Es sei unumgänglich, nicht wehmütig in die Vergangenheit zu blicken, sondern einen Weg zu finden, wie Journalisten verantwortungsbewußt die neuen Techniken nutzen können, ohne sich von ihnen beherrschen zu lassen.[222] Dennoch gibt es die Hoffnung, daß die Impulse einzelner Journalisten Bestand haben: „Es wird neue Arbeitsteilungen im Journalismus geben, und es wird neue Arten von Widerstand geben gegen die zunehmende Unterwanderung des Journalismus durch Discjockeys der Schreibmaschine, ausgebuffte ´Terror-Talker` und großindustriell organisiertes Herzlichkeitsbusiness. (...) Eine weitere Verkümmerung des journalistischen Autodidaktentums darf es nicht geben. In diesem Sinne wird Augstein noch lange als Vorbild wirken. Es ist nur eine Frage der Zeit, bis in der heißen Luft des flachen Infotainments die Sehnsucht nach einer neuen Diskussionskultur wächst."[223]

Der richtige Weg liegt wahrscheinlich irgendwo in der Mitte. Die Journalisten von heute sollten sich ohne Angst auf die Zukunft ihres Berufes einlassen – ohne die Ideen und Ideale ihrer „Vorfahren" zu vergessen. Viele davon sind aktueller denn je.

---

[220] Neverla 1998, a.a.O., S. 60
[221] Weischenberg, Siegfried: Journalismus in der Computergesellschaft. Informatisierung, Medientechnik und die Rolle der Berufskommunikatoren. München 1982, S. 219
[222] Vgl. ebd.
[223] Brawand 1995, a.a.O., S. 203

8. ARTIKELÜBERSICHT

Rudolf Augstein

Nr.	Titel	Datum	Hauptüberschrift
1	FR	05.11.1998	Memoiren schreiben? Nein
2	SZ	05.11.1998	„Ich hab das meiste gesehen"
3	„Stern"	21.10.1993	„Ich habe gewisse Verdienste um die Demokratie"
4	„Focus"	30.10.1993	„Am liebsten zynisch"
5	„Die Zeit"	10.01.1997	Der alte Mann und sein Erbe
6	„Die Woche"	28.10.1993	Der Viertel-Philosoph
7	taz	05.11.1993	Fische, Ficken, Flaschen
8	„Die Woche"	16.12.1994	Augsteins letzte Schlacht
9	F.A.Z.	05.11.1993	Augstein im biblischen Alter
10	„Der Spiegel"	13.06. 2000	Ehrung für Augstein
11	„Der Spiegel"	02.11.1993	„Wen provoziere ich denn?"
12	„Die Welt"	05.11.1993	Hauptsache dagegen
13	taz	03.11.2000	Die Schattenseiten der Aufklärung
14	SZ	06.11.2000	Der Plural von Wahrheit
15	taz	09.11.2000	Aug um Augstein

Marion Gräfin Dönhoff

Nr.	Titel	Datum	Hauptüberschrift
16	SZ	20.11.1999	Kassandra ist sogar vergnügt
17	„Die Welt"	30.09.1999	Runde: Gräfin Dönhoff hat Maßstäbe gesetzt
18	„Die Welt"	01.12.1999	Vertrauen in die Utopie
19	taz	02.12.1999	Die Chefbedenkenträgerin
20	FR	02.12.1999	Die First Lady des deutschen Journalismus
21	FR	03.12.1999	Atlantis gleich um die Ecke
22	„Die Zeit"	02.12.1999	Unerschrocken, einfühlsam, streitbar
23	F.A.Z.	02.12.1999	Ostpreußen im Pressehaus
24	„Stern"	02.12.1999	Glückwunsch für Old Shatterhand
25	„Die Welt"	12.11. 2000	Gräfin Dönhoff wird Hamburger Ehrenbürgerin

Günter Gaus

Nr.	Titel	Datum	Hauptüberschrift
26	SZ	23.11.1999	Solo-Karte Bonns in Ostberlin
27	FR	23.11.1999	Mediathek erhält wertvolles Geschenk
28	taz	23.11.1999	Der Interviewer
29	„Die Welt"	05.06. 2000	Interviews mit der Strumpfhosenpackung
30	F.A.Z.	28.08.1998	Die Furchen des Titanen

Sebastian Haffner

Nr.	Titel	Datum	Hauptüberschrift
31	taz	27.12.1997	Knallfrösche liefern
32	F.A.Z.	27.12.1997	Wahrheit ohne Schmuck
33	F.A.Z.	04.01.1999	Ein Meister der vorletzten Dinge
34	FR	04.01.1999	Abseits der politischen Ströme
35	„Die Zeit"	26.12.1997	Ein gelassener Unruhestifter
36	„Die Zeit"	07.01.1999	Der helle Klang
37	„Der Spiegel"	11.01.1999	Sebastian Haffner
38	„Die Welt"	27.12.1997	Die Heimat der Linken ist die Opposition
39	„Stern"	07.01.1999	Tod eines großen Historikers
40	„Die Welt"	04.01.1999	Anmerkungen zu Haffner
41	SZ	04.01.1999	Skeptiker und Provokateur
42	SZ	27.12.1997	Der empfindsame Zeitgenosse
43	FR	27.12.1997	Lebenslanges Nachdenken über Deutschland

Claus Jacobi

Nr.	Titel	Datum	Hauptüberschrift
44	F.A.Z.	04.01.1997	Ein Journalist, der den Erfolg garantierte
45	„Die Welt"	03.01.1997	„Für Freunde alles, für Feinde nichts, für Fremde das Recht"
46	„Die Welt"	18.03.2000	Neugierig durch fünfzig deutsche Jahre
47	„Die Welt"	02.02.1995	Die Straße erhob ihr Haupt
48	„Focus"	30.12.1996	Vorbild durch Distanz zum eigenen Tun

Erich Kuby

Nr.	Titel	Datum	Hauptüberschrift
49	FR	28.06.2000	Deutsche Nachkriegspublizistik entscheidend mitgeprägt
50	taz	28.06.2000	Ein deutscher Zeitungsleser
51	SZ	28.06.2000	Ein befreiter Mann
52	„Die Welt"	28.06.1995	Der fröhliche Greis
53	SZ	28.06.1995	Vom Zeitgeist wenig beeindruckt

Henri Nannen

Nr.	Titel	Datum	Hauptüberschrift
54	FR	14.10.1996	„Ich habe immer selbst gehandelt"
55	F.A.Z.	14.10.1996	Sonnenkönig über dem Stern
56	F.A.Z.	24.12.1993	Die zwei Körper des Sonnenkönigs
57	„Die Woche"	18.10.1996	„L´elephant et l´amour"
58	taz	14.10.1996	Journalistischer Raufbold
59	„Die Woche"	22.12.1993	Unwiderstehlich unausstehlich
60	„Die Zeit"	18.10.1996	Ein großartiges Journalistenleben
61	„Stern"	22.12.1993	Journalismus ist wie Liebe
62	„Stern"	07.11.1996	„Er wusste, was er wollte. Und der wusste, was die Menschen wollten"
63	„Stern"	17.10.1996	Zum Tode von Henri Nannen
64	„Stern"	17.10.1996	Eines Mannes Leben
65	„Die Welt"	12.10.2000	Tyrann und Robin Hood und Christkind der Illustriertenkultur
66	„Stern"	02.09.1999	Sir Henri
67	„Stern"	03.09.1998	Wo er war, da war der Mittelpunkt
68	SZ	14.10.1996	Erfinder einer Wundertüte
69	„Der Spiegel"	21.10.1996	Ein Stoff für Orson Welles
70	„Focus"	21.10.1996	Erinnerung an Henri Nannen
71	„Die Welt"	14.10.1996	„Stern"-Gründer Henri Nannen ist tot

Gerd Ruge

Nr.	Titel	Datum	Hauptüberschrift
72	„Der Spiegel"	13.09.1993	„Ich bin ein Überbleibsel"
73	„Der Spiegel"	05.01.1998	„Auch mal nein sagen"
74	F.A.Z.	08.08.1998	Zur rechten Zeit am rechten Ort
75	„Die Welt"	06.07.1999	Der ruhende Reporter
76	„Die Woche"	03.08.1998	Eine Ausnahmeerscheinung
77	FR	08.08.1998	„Warum nicht. Vielleicht doch"
78	SZ	30.12.1997	Hallo, Herr Rentierwirt!
79	SZ	12.06.1996	Ein Fleck als Signal
80	SZ	02.02.1998	Zwischenfrage: Ist Ihnen langweilig, Herr Ruge?
81	SZ	08.08.1998	Der Mann mit der Mütze
82	F.A.Z.	04.09.1993	Ein Vorbild
83	taz	09.08.1993	Gerd Ruge hört auf
84	„Focus"	20.05.1996	Glasnost und Russen-Mafia

Carola Stern

Nr.	Titel	Datum	Hauptüberschrift
85	F.A.Z.	14.11.1995	Klarheit schaffen
86	SZ	10.11.1999	In den Netzen der Erinnerung
87	taz	08.09.1998	Louise-Schroeder-Medaille für Carola Stern
88	taz	14.11.2000	Idealistin ohne Pathos
89	FR	14.11.2000	Eine Frau mit Courage
90	„Die Welt"	14.11.2000	Frei von Ideologie
91	„Die Woche"	14.11.2000	Sozialistin mit menschlichen Antlitz
92	„Der Spiegel"	14.11.2000	Oase der Ehrlichkeit

Peter von Zahn

Nr.	Titel	Datum	Hauptüberschrift
93	F.A.Z.	29.01.1993	Herr der Windrose
94	„Die Welt"	09.10.2000	Hamburger Bürgerpreis für einen Meister des Wortes
95	„Die Zeit"	29.01.1993	Keiner sprach wie er
96	„Die Zeit"	18.11.1994	Rastloser Reporter
97	„Die Welt"	29.01.1993	Journalist der ersten Stunde
98	SZ	29.01.1993	Die Deutschen zur Kühnheit ermuntert

9. LITERATUR

ARBEITSGRUPPE „BIOGRAPHIE": Biographie als kommunikationswissenschaftliche Herausforderung. Aktuelle Tendenzen, Chancen und Defizite eines umstrittenen Genres. In: Medien&Zeit, 8. Jahrgang 1993, Heft 4, S. 34-38

BAMME, ARNO / KOTZMANN, ERNST / RESCHENBERG, HASSO: Publizistische Qualität. Probleme und Perspektiven ihrer Auswertung. München/Wien 1993

- BENTELE, GÜNTER: Publizistik in der Gesellschaft. Festschrift für Manfred Rühl. Konstanz 1995

BENZ, WOLFGANG (HRSG.): Die Geschichte der Bundesrepublik Deutschland. Band 4: Kultur. Frankfurt/Main 1989

BLEY, STEFANIE: Bravo oder Pfui? Zur Qualität von Jugendzeitschriften. Eichstätt 2000, Diplomarbeit

BRAWAND, LEO: Die SPIEGEL-STORY. Wie alles anfing. Düsseldorf u.a. 1987

BRAWAND, LEO: Rudolf Augstein. Düsseldorf u.a. 1995

BROBOWSKY, MANFRED / LANGENBUCHER, WOLFGANG R.: Wege zur Kommunikationsgeschichte, München 1987

BURGER, REINER: Theodor Heuss. Beobachter und Interpret von vier Epochen deutscher Geschichte. Münster 1999

DEUTSCHER JOURNALISTEN-VERBAND (HRSG.): Berufsbild Journalist – Journalistin. Bonn 1996

DONSBACH, WOLFGANG: Journalismus und journalistisches Berufsverständnis. In: Wilke, Jürgen (Hrsg.): Mediengeschichte der Bundesrepublik Deutschland. Bonn 1999, S. 489-517

DOVIFAT, EMIL: Die publizistische Persönlichkeit. Berlin 1990

Duchkowitsch, Wolfgang / Hausjell, Fritz / Hömberg, Walter / Kutsch, Arnulf / Neverla, Irene (Hrsg.): Journalismus als Kultur. Analysen und Essays. Opladen, Wiesbaden 1998

EHMIG, SIMONE CHRISTINE: Generationenwechsel im deutschen Journalismus. Zum Einfluss historischer Ereignisse auf das journalistische Selbstverständnis. München 2000

ELTEN, JÖRG ANDREES: Freiheit ist nur noch ein Wort. In: Medium Magazin, 11. Jahrgang 1996, Heft 12, S. 32-35

ENDRUWEIT, GÜNTER / TROMMSDORF, GISELA (HRSG.): Wörterbuch der Soziologie, Band 2. Stuttgart 1989

ESSER, FRANK: Die Kräfte hinter den Schlagzeilen. Englischer und deutscher Journalismus im Vergleich. Freiburg/München 1998

FABRIS, HANS HEINZ: Vielfältige Qualität. Theoretische Ansätze und Perspektiven der Diskussion um Qualität im Journalismus. In: Löffelholz, Martin (Hrsg.): Theorien des Journalismus. Ein diskursives Handbuch. Wiesbaden 2000, S. 363 – 374

FREI, NORBERT: Die Presse. In: Benz, Wolfgang (Hrsg.): Die Geschichte der Bundesrepublik Deutschland. Band 4: Kultur. Frankfurt/Main 1989, S. 370-416

FRIEDRICHS, JÜRGEN: Methoden empirischer Sozialforschung. Reinbek 1973

FRÜH, WERNER: Inhaltsanalyse. In: Endruweit, Günter / Trommsdorf, Gisela (Hrsg.): Wörterbuch der Soziologie, Band 2. Stuttgart 1989, S. 301-305

GÖPFERT, WINFRIED: Publizistische Qualität: Ein Kriterien-Katalog. In: Bammé, Arno / Kotzmann, Ernst / Reschenberg, Hasso: Publizistische Qualität. Probleme und Perspektiven ihrer Auswertung. München / Wien 1992, S. 99 – 109

GREIWE, ULRICH: Augstein. Berlin 1994

GREUNER, REINHART: Lizenzpresse. Auftrag und Ende. Der Einfluss der anglo-amerikanischen Besatzungspolitik auf die Wiedererrichtung eines imperialistischen Pressewesens in Westdeutschland. Berlin 1962

GRUNDGESETZ DER BUNDESREPUBLIK DEUTSCHLAND

HAAS, HANNES / LOJKA, KLAUS: Qualität auf dem Prüfstand. In: Duchkowitsch, Wolfgang / Hausjell, Fritz / Hömberg, Walter / Kutsch, Arnulf / Neverla, Irene (Hrsg.): Journalismus als Kultur. Analysen und Essays. Opladen, Wiesbaden 1998, S. 115-132

HAGEN, LUTZ: Informationsqualität von Nachrichten. Meßmethoden und ihre Anwendung auf die Dienste von Nachrichtenagenturen. Opladen 1995

HALLER, MICHAEL: Recherchieren. Ein Handbuch für Journalisten. München 1983, 4. Auflage 1991

HASE, KARL-GÜNTHER VON (HRSG.): Konrad Adenauer und die Presse. Rhöndorfer Gespräche. Band 9. Bonn 1988

HAUSJELL, FRITZ: Journalisten gegen Demokratie und Faschismus. Eine kollektiv-biographische Analyse der beruflichen und politischen Herkunft der österreichischen Tageszeitungsjournalisten am Beginn der Zweiten Republik (1945- 1947). Zwei Bände. Frankfurt/Main, Bern, New York, Paris 1989

HOFFMANN, JOCHEN / SARCINELLI, ULRICH: Politische Wirkungen der Medien. In: Wilke, Jürgen: Mediengeschichte der Bundesrepublik Deutschland. Bonn 1999, S. 720-748

HOHLFELD, RALF: Systemtheorie für Journalisten. Ein Vademekum. Eichstätter Materialien zur Journalistik 12, Eichstätt 1999

HÖBEL, WOLFGANG: Kriterien journalistischer Qualitätsbeurteilung. Eine explorative Studie zur Wettbewerbspraxis beim „Internationalen-Journalistik-Preis" Klagenfurt, München 1989, Diplomarbeit

HÖMBERG, WALTER: Von Kärrnern und Königen. Zur Geschichte journalistischer Berufe. In: Bobrowsky, Manfred / Langenbucher, Wolfgang R.: Wege zur Kommunikationsgeschichte, München 1987, S. 619–629

JANßEN, KARL-HEINZ: Die Zeit in der ZEIT. 50 Jahre einer Wochenzeitung. Berlin 1995

JOURNALIST. Sonderausgabe 50 Jahre DJV. 1999

KEPPLINGER, HANS MATHIAS: Publizistische Konflikte. In: Wilke, Jürgen: Mediengeschichte der Bundesrepublik Deutschland. Bonn 1999, S. 698–719

KLAUS, LISSI U.A. (HRSG.): Medienfrauen der ersten Stunde. „Wir waren ja die Trümmerfrauen in diesem Beruf". Zürich/Dortmund 1993

KLAUS, LISSI: „Als Frau hatte man es natürlich leichter, natürlich schwerer." In: Klaus, Lissi u.a. (Hrsg.): Medienfrauen der ersten Stunde. „Wir waren ja die Trümmerfrauen in diesem Beruf". Zürich/Dortmund 1993, S. 191-218

KORUS, DETLEF: Gibt es Kriterien journalistischer Qualität? Eine explorative Studie zum Qualitätsverständnis der Juroren bundesdeutscher Journalistenpreise. Eichstätt 1988, Diplomarbeit

KUENHEIM, HAUG VON: Marion Dönhoff. Reinbek 1999

KÜSTERS, HANNS JÜRGEN: Konrad Adenauer, die Presse, der Rundfunk und das Fernsehen. In: Hase, Karl-Günther von (Hrsg.): Konrad Adenauer und die Presse. Rhöndorfer Gespräche. Band 9. Bonn 1988, S. 13 – 31

KUNCZIK, MICHAEL: Journalismus als Beruf. Köln, Wien 1988

LANDESPRESSEGESETZ BADEN-WÜRTTEMBERG

LANGENBUCHER, WOLFGANG R.: Kommunikation als Beruf. Ansätze und Konsequenzen kommunikationswissenschaftlicher Berufsforschung. In: Publizistik, 19. / 20. Jahrgang 1974 / 1975, Heft 3-4 / 1-2, S. 256 – 277

LÖFFELHOLZ, MARTIN (HRSG.): Theorien des Journalismus. Ein diskursives Handbuch. Wiesbaden 2000

LÖWENTHAL, GERHARD: Aufgaben der Medien in einer Demokratie. In: „Die Zeit" vom 01.03.1997, S. 9

MAHLE, WALTER A. (HRSG.): Journalisten in Deutschland. Nationale und internationale Vergleiche und Perspektiven. München 1993

MAYRING, PHILIPP: Qualitative Inhaltsanalyse. Grundlagen und Techniken. Weinheim 1993

Media Perspektiven, 1992, Heft 11

Media Perspektiven, 1993, Heft 1

MEDIEN&ZEIT, 8. Jahrgang 1993, Heft 4

MEDIUM MAGAZIN, 11. Jahrgang 1996, Heft 12

MERTEN, KLAUS: Inhaltsanalyse. Einführung in Theorie, Methode und Praxis. 2. verb. Auflage, Opladen 1995

MEYN, HERMANN: Massenmedien in Deutschland. Neuauflage 1999, Konstanz 1999

MÜLLER-MEININGEN JR., ERNST: Journalistisches Selbstverständnis. Journalisten – Medienpolitik in Moll. In: Rundfunk und Fernsehen, 29. Jahrgang 1981, Heft 2-3, S. 227 bis 234

MUNZINGER ARCHIV / INTERNATIONALES BIOGRAPHISCHES ARCHIV: Rudolf Augstein. Loseblattsammlung, Ravensburg 45 / 99

Munzinger Archiv / Internationales Biographisches Archiv: Marion Gräfin Dönhoff. Loseblattsammlung, Ravensburg 12 / 00

Munzinger Archiv / Internationales Biographisches Archiv: Günter Gaus. Loseblattsammlung, Ravensburg 44 / 96

Munzinger Archiv / Internationales Biographisches Archiv: Sebastian Haffner. Loseblattsammlung, Ravensburg 22 / 99

Munzinger Archiv / Internationales Biographisches Archiv: Claus Jacobi. Loseblattsammlung, Ravensburg 18 / 97

Munzinger Archiv / Internationales Biographisches Archiv: Erich Kuby. Loseblattsammlung, Ravensburg 19 / 95

Munzinger Archiv / Internationales Biographisches Archiv: Henri Nannen. Loseblattsammlung, Ravensburg 3 / 97

Munzinger Archiv / Internationales Biographisches Archiv: Gerd Ruge. Loseblattsammlung, Ravensburg 24 / 94

Munzinger Archiv / Internationales Biographisches Archiv: Carola Stern. Loseblattsammlung, Ravensburg 43 / 95

Munzinger Archiv / Internationales Biographisches Archiv: Peter von Zahn. Loseblattsammlung, Ravensburg 41 / 94

NEUBERGER, CHRISTOPH: Journalismus als Problembearbeitung. Objektivität und Relevanz in der öffentlichen Kommunikation. Konstanz 1996

NEUBERGER, CHRISTOPH: Journalismus als systembezogene Akteurskonstellation. Vorschläge für die Verbindung von Akteur-, Institutionen- und

Systemtheorie. In: Löffelholz, Martin (Hrsg.): Theorien des Journalismus. Ein diskursives Handbuch. Wiesbaden 2000, S. 275-291

NEUBERGER, CHRISTOPH: Was das Publikum wollen könnte. Autonome und repräsentative Bewertung journalistischer Leistungen. In: Weßler, Hartmut: Perspektiven der Medienkritik. Die gesellschaftliche Auseinandersetzung mit öffentlicher Kommunikation in der Mediengesellschaft. Dieter Roß zum 60.Geburtstag. Opladen 1997, S. 171-184

NEVERLA, IRENE: Die verspätete Profession. Journalismus zwischen Berufskultur und Digitalisierung. In: Duchkowitsch, Wolfgang / Hausjell, Fritz / Hömberg, Walter / Kutsch, Arnulf / Neverla, Irene (Hrsg.): Journalismus als Kultur. Analysen und Essays. Opladen, Wiesbaden 1998

NEVERLA, IRENE, KANZLEITER, GERDA: Journalistinnen. Frauen in einem Männerberuf. Frankfurt/Main 1984

NOELLE-NEUMANN, ELISABETH: Öffentliche Meinung. Die Entdeckung der Schweigespirale. Erweiterte Ausgabe. Frankfurt am Main/Berlin 1996

NOELLE-NEUMANN, ELISABETH / SCHULZ, WINFRIED / WILKE, JÜRGEN: Fischer Lexikon. Publizistik – Massenkommunikation. Neuausgabe, Frankfurt/Main 1994

PRESSE- UND INFORMATIONSAMT DER BUNDESREGIERUNG (HRSG.): 50 Jahre Bundesrepublik Deutschland. Frankfurt/Main 1999

PUBLIZISTIK, 19./20. Jahrgang 1974/1975, Heft 3-4/1-2

PUBLIZISTIK, 37. Jahrgang 1992, Heft 1

PUBLIZISTIK, 38. Jahrgang 1993, Heft 3 (Themenheft Journalismus 2000)

RAGER, GÜNTER: Dimensionen der Qualität. In: Bentele, Günter: Publizistik in der Gesellschaft. Festschrift für Manfred Rühl. Konstanz 1995

REITER, SIBYLLE/RUß-MOHL, STEPHAN (HRSG.): Zukunft oder Ende des Journalismus? Publizistische Qualitätssicherung, Medienmanagement, redaktionelles Marketing. Gütersloh 1994

RIEHL-HEYSE, HERBERT: Bestellte Wahrheiten. Anmerkungen zur Freiheit des Journalistenmenschen. München 1989

RIEHLE-HEYSE, HERBERT: Götterdämmerung. Die Herren der öffentlichen Meinung. Berlin 1995

RUDZIO, WOLFGANG: Das politische System der BRD. Opladen 1996

Rundfunk und Fernsehen, 29. Jahrgang 1981, Heft 2-3

RUß-MOHL STEPHAN: Am eigenen Schopfe... Qualitätssicherung im Journalismus – Grundfragen, Ansätze, Näherungsversuche. In: Publizistik, 37. Jahrgang 1992, Heft 1, S. 83-96

RUß-MOHL, STEPHAN: Der I-Faktor. Qualitätssicherung im amerikanischen Journalismus – Modell für Europa? Osnabrück 1994.

SAXER, ULRICH: Journalismus als Rolle. In: Widmer, Franz C. (Hrsg.): Beruf: Journalist. Zürich 1982, S. 147-163

SAXER, ULRICH / KULL, HEINZ: Publizistische Qualität und journalistische Ausbildung, Zürich 1981

SCHATZ, HERIBERT / SCHULZ, WINFRIED: Qualität von Fernsehprogrammen. In: Media Perspektiven, 1992, Heft 11, S. 690-712

SCHMID, SIGRUN: Journalisten der frühen Nachkriegszeit. Eine kollektive Biographie am Beispiel von Rheinland-Pfalz. Köln, Weimar, Wien 2000

SCHNEIDER, BEATE / SCHÖNBACH, KLAUS / STÜRZEBECHER, DIETER: Journalisten im vereinigten Deutschland. Strukturen, Arbeitsweisen und Einstellungen im Ost-West-Vergleich. In: Publizistik, 38. Jahrgang 1993, Heft 3 (Themenheft Journalismus 2000), S. 353-382

SCHNEIDER, BEATE: Massenmedien im Umbruch der fünfziger Jahre. In: Wilke, Jürgen (Hrsg.): Mediengeschichte der Bundesrepublik Deutschland. Bonn 1999

SCHNEIDER, WOLF: Deutsch für Profis. Hamburg 1983

SCHÖPS, JOACHIM: Die Spiegel-Affäre des Franz Josef Strauß. Reinbek 1983

SCHREIBER, HERMANN: „...der unermüdliche Versuch, sehr gut zu sein." Qualitätssicherung durch dialogische Führung. In: Reiter, Sibylle / Ruß-Mohl, Stephan (Hrsg.): Zukunft oder Ende des Journalismus? Publizistische Qualitätssicherung, Medienmanagement, redaktionelles Marketing. Gütersloh 1994, S. 29-44

SCHREIBER, HERMANN: Henri Nannen. München 1999

SCHREIBER, NORBERT: Wie mache ich Inhaltsanalysen? Vom Untersuchungsplan bis zum Ergebnisbericht. Frankfurt/Main 1999

SCHRÖTER, DETLEF: Qualität und Journalismus. Theoretische und praktische Grundlagen journalistischen Handelns, München 1995

SCHULZE, RUDOLF: Qualität ist, was sich verkauft. In: Bammé, Arno / Kotzmann, Ernst / Reschenberg, Hasso: Publizistische Qualität. Probleme und Perspektiven ihrer Auswertung. München/Wien 1992, S. 235-255

SCHWARZER, ALICE: Marion Dönhoff. Ein widerständiges Leben. Köln 1996

SITTER, CARMEN: „Die eine Hälfte vergißt man(n) leicht!" zur Situation von Journalistinnen in Deutschland. Pfaffenweiler 1998

SÖSEMANN, BERND: Die 68er Bewegung und die Massenmedien. In: Wilke, Jürgen (Hrsg.): Mediengeschichte der Bundesrepublik Deutschland. Bonn 1999, Seite 672-697

SPIEGEL-SPECIAL: Die Journalisten. 1995, Heft 1

STEEN, UTA VAN: Der große Unterschied. In: Spiegel-Special: Die Journalisten. Nr. 1/1995, S. 149-151

STERNBERG, WILHELM VON: Die Medienpioniere. In: „Die Zeit" vom 29.09.1995, S. 16

STRAßNER, ERICH: Journalistische Texte. Tübingen 2000

TONNEMACHER, JAN: Kommunikationspolitik in Deutschland. Eine Einführung. Konstanz 1996

WALLISCH, GIANLUCA: Journalistische Qualität. Definitionen – Modelle – Kritik. Konstanz 1995

Weischenberg, Siegfried / Löffelholz, Martin / Scholl, Armin: Journalismus in Deutschland. Design und erste Befunde der Kommunikatorstudie. In: Media Perspektiven, 1993, Heft 1, S. 21-35

Weischenberg, Siegfried / Altmeppen, Klaus-Dieter / Löffelholz, Martin: Die Zukunft des Journalismus. Technologische, ökonomische und redaktionelle Trends. Opladen 1994

WEISCHENBERG, SIEGFRIED: Nachrichtenschreiben. Journalistische Praxis zum Schreiben und Selbststudium. Opladen 1988

WEISCHENBERG, SIEGFRIED: Journalismus in der Computergesellschaft. Informatisierung, Medientechnik und die Rolle der Berufskommunikatoren. München 1982

WEISCHENBERG, SIEGFRIED: Wertewandel. In: Journalist. Sonderausgabe 50 Jahre DJV. 1999, S. 18-23

WEBLER, HARTMUT: Perspektiven der Medienkritik. Die gesellschaftliche Auseinandersetzung mit öffentlicher Kommunikation in der Mediengesellschaft. Dieter Roß zum 60.Geburtstag. Opladen 1997

WIDMER, FRANZ C. (HRSG.): Beruf: Journalist. Zürich 1982

WILKE, JÜRGEN (HRSG.): Mediengeschichte der Bundesrepublik Deutschland. Bonn 1999

WILKE, JÜRGEN: Massenmedien und Vergangenheitsbewältigung. In: Wilke, Jürgen (Hrsg.): Mediengeschichte der Bundesrepublik Deutschland. Bonn 1999, S. 649-671

WILKE, JÜRGEN: Zukunft Multimedia. In: Wilke, Jürgen: Mediengeschichte der Bundesrepublik Deutschland. Bonn 1999, S. 751-774

WILKE, JÜRGEN: Umbrüche im deutschen Journalismus. In: Mahle, Walter A. (Hrsg.): Journalismus in Deutschland. Nationale und internationale Vergleiche und Perspektiven. München 1993, S. 137-142

ANHANG

Inhaltsverzeichnis

Umsetzung der Forschungsfragen in Variablen   Seite 130

Codebuch   Seite 134

Kategoriendefinitionen   Seite 140

Beispielartikel   Seite 152

Beispieltabellen zur qualitativen Inhaltsanalyse   Seite 156

Ergebnisse der quantitativen Analyse: Kreuztabellen   Seite 161

Umsetzung der Forschungsfragen in Variablen

Formale Merkmale der Berichterstattung

F1: Was läßt sich in Bezug auf Medienverteilung, Anlaß, Länge, Bebilderung Ressortzuordnung, Darstellungsform und Informationsquelle über die Berichterstattung aussagen?

Die formalen Merkmale der Berichterstattung werden mit den Variablen V1 bis V11 erfaßt. V1 codiert die Nummer der Analyseeinheit, V2 erfaßt den Namen des Journalisten, und V3 das Erscheinungsdatum des Artikels. V4 erfaßt den Titel der jeweiligen Zeitung bzw. Zeitschrift, dadurch können Aussagen darüber gemacht werden, wie sich die Berichterstattung mengenmäßig auf die einzelnen Medien verteilt. V5 fragt nach dem Anlaß, V6 nach der Länge, V7 Nach der Bebilderung, V8 nach der Ressortzuordnung, V10 nach der Darstellungsform und V11 nach der Informationsquelle des jeweiligen Artikels. Unter V9 wird die Hauptüberschrift eingegeben.

Die folgenden Forschungsfragen, die sich auf den Inhalt der Analyseeinheiten beziehen, bilden gleichzeitig das Kategoriensystem. Für die quantitative Analyse werden sie als geschlossene Fragen umformuliert, auf die nur eine Ja- oder Nein-Antwort möglich ist.

Die Person des Journalisten

F2: Welche Eigenschaften werden für den Erfolg der Journalisten verantwortlich gemacht?

⇒ V12 fragt: Werden persönliche Eigenschaften des Journalisten genannt?

Die Produkte des Journalisten

F3: Wie werden die Produkte der Journalisten bewertet?

⇒ V13 fragt: Werden die Produkte des Journalisten bewertet?

Der Journalist im System Journalismus

F4: Wie werden die Medien, bei denen die Journalisten gearbeitet haben, in der Berichterstattung bewertet?

⇒ V14 fragt: Wird das Medium/die Medien bei dem/denen der Journalist gearbeitet hat, thematisiert?

F5: Welche Zukunftsprognosen werden für diese Medien angegeben?

⇒ V15 fragt: Werden Zukunftsprognosen für dieses/diese Medien thematisiert?

F6: Wie wird die Wirkung der Journalisten auf ihre Mitarbeiter / ihre Redaktion beschrieben?

⇒ V16 fragt: Wird die Wirkung des Journalisten auf seine Mitarbeiter / seine Redaktion beschrieben?

F7: Wie wird die Wirkung des Journalisten auf die Rezipienten beschrieben?

⇒ V17 fragt: Wird eine Wirkung des Journalisten auf die Rezipienten thematisiert?

F8: Wie wird die Wirkung des Journalisten auf den Journalismus der Nachkriegsjahrzehnte beschrieben?

⇒ V18 fragt: Wird eine Wirkung des Journalisten auf den Journalismus der Nachkriegsjahre thematisiert?

Der Journalist im gesellschaftspolitischen Kontext

F9: Welche Bedeutung wird den Journalisten im gesellschaftspolitischen Kontext zugesprochen?

⇒ V19 fragt: Wird die Bedeutung des Journalisten im gesellschaftspolitischen Kontext angesprochen?

F10: Welches Selbstverständnis wird für die Journalisten angegeben?

⇒ V20 fragt: Wird das Selbstverständnis des Journalisten thematisiert?

Randbedingungen

F11: Welche Bedeutung wird der Kindheit und Jugend für die Karriere der Journalisten zugesprochen?

⇒ V21 fragt: Werden Kindheit und Jugend des Journalisten angesprochen?

F12: Welche Bedeutung wird der Ausbildung der Journalisten zugeschrieben?

⇒ V22 fragt: Wird die Ausbildung des Journalisten angesprochen?

F13: Welche Bedeutung wird dem Geschlecht der Journalisten zugeschrieben?

⇒ V23 fragt: Wird die Bedeutung des Geschlechts des Journalisten angesprochen?

F14: Welche Umstände haben laut Berichterstattung den Aufstieg der Journalisten begünstigt?

⇒ V24 fragt: Werden Umstände angesprochen, die den Aufstieg des Journalisten begünstigt haben?

Beurteilung des heutigen Journalismus und Vorbildfunktion

F15: Wie wird der heutige Journalismus bewertet?

⇒ V25 fragt: Wird der heutige Journalismus bewertet?

F16: Inwieweit werden die Journalisten als Vorbilder gesehen?

⇒ V26 fragt: Wird der Journalist als Vorbild gesehen?

Die Perspektive der berichtenden Medien

F17: Besteht ein Zusammenhang zwischen Umfang/Tenor der Artikel und der Beziehung des Geehrten zu dem berichtenden Medium oder dem Autor?

Quantitativ ergibt sich diese Frage zum einen aus den formalen Variablen V4, V6, und V7, die den Titel der Zeitung/Zeitschrift, die Zeilenzahl und die Bilderzahl angeben, ebenso wie aus V28, die nach dem Grundtenor der Berichterstattung fragt. Die Einbeziehung des Verhältnisses des Geehrten zum berichtenden Medium wird qualitativ erfaßt.

Codebuch

Formale Variablen

V1 Nummer der Analyseeinheit

V2 Behandelter Journalist

1 Augstein

2 Dönhoff

3 Gaus

4 Haffner

5 Jacobi

6 Kuby

7 Nannen

8 Ruge

9 Stern

10 Zahn

V3 Datum

V4 Titel der Zeitung oder Zeitschrift

1 „Süddeutsche Zeitung"

2 „Frankfurter Allgemeine Zeitung"

3 „Frankfurter Rundschau"

4 „Die Welt"

5 „tageszeitung"

6 „Die Woche"

7 „Die Zeit"

8 „Stern"

9 „Der Spiegel"

10 „Focus"

V5 Anlaß der Berichterstattung

1 Geburtstag

2 Todestag

3 Preisverleihung

4 Sonstiges

V6 Zahl der Zeilen

V7 Zahl der Fotos

V8 Ressort/Rubrik

1 Politik

2 Feuilleton

3 Medienseite

4 Sonstiges

V9 Titel der Hauptüberschrift

V10 Darstellungsform

1 Nachricht

2 Bericht

3 Portrait

4 Interview

5 Kommentar

6 Sonstiges

V 11 Informationsquelle

1 eigener Bericht

2 Interview in der eigenen Zeitung

3 Bezugnahme auf Berichterstattung in anderen Medien

4 Nachrichtenagentur

Ursprünglich schlossen sich hier noch zwei Variablen an, die das Medium, bei dem der Journalist hauptsächlich gearbeitet hat und die Position, die er dort innehatte erfaßten. Zum einen wurde aber in der Berichterstattung nicht umfassend darauf eingegangen, zum anderen wird in der Vorstellung der Journalisten deren Lebenslauf und beruflicher Werdegang skizziert. Damit keine Verwirrung entsteht, wurde auf eine Quantifizierung verzichtet.

Inhaltliche Variablen

Die Person des Journalisten
V 12 Werden persönliche Eigenschaften des Journalisten genannt?
0 nein
1 ja

Die Arbeit/die Produkte des Journalisten
V13 Werden die Produkte des Journalisten bewertet?
0 nein
1 ja

Der Journalist im System Journalismus
V14 Wird das Medium/die Medien, bei dem/denen der Journalist gearbeitet hat, thematisiert?
0 nein
1 ja

V15 Werden Zukunftsprognosen für dieses/diese Medium/Medien thematisiert?
0 nein
1 ja

V16 Wird die Wirkung des Journalisten auf seine Redaktion/ seine Mitarbeiter thematisiert?
0 nein
1 ja

V17 Wird eine Wirkung des Journalisten auf die Rezipienten thematisiert?

0 nein

1 ja

V18 Wird eine Wirkung auf den Journalismus der Nachkriegsjahrzehnte thematisiert?

0 nein

1 ja

Der Journalist im gesellschaftspolitischen Kontext

V19 Wird die Bedeutung des Journalisten im gesellschaftspolitischen Kontext angesprochen?

0 nein

1 ja

V20 Wird das Selbstverständnis des Journalisten thematisiert?

0 nein

1 ja

Randbedingungen

V21 Werden Kindheit und Jugend des Journalisten angesprochen?

0 nein

1 ja

V22 Wird die Ausbildung des Journalisten angesprochen?

0 nein

1 ja

V23 Wird die Bedeutung des Geschlechts des Journalisten angesprochen?

0 nein

1 ja

V24 Werden Umstände angesprochen, die den Aufstieg des Journalisten begünstigt haben?

0 nein

1 ja

Heutiger Journalismus und Vorbildfunktion

V25 Wird der heutige Journalismus bewertet?

0 nein

1 ja

V26 Wird der Journalist als Vorbild gesehen?

0 nein

1 ja

Perspektive der berichtenden Medien

V27 Grundtenor der Berichterstattung

0 negativ

1 neutral

2 positiv

3 nicht zu entscheiden

KATEGORIENDEFINITIONEN

Die Definitionen der Kategorien, sowie die Ankerbeispiele gelten für die quantitative wie die qualitative Inhaltsanalyse. Quantitativ wird von V12 bis V26 durch geschlossene Ja- oder Nein-Fragen erfaßt, ob die jeweilige Kategorie angesprochen wird. Nein wird jeweils mit 0 codiert, Ja mit 1. Die qualitative Analyse untersucht die jeweiligen Aussagen, die bezüglich der Variable in den Artikeln gemacht werden.

V1 Analyseeinheit:

Jeder redaktionelle Beitrag (Artikel) einer Zeitung oder Zeitschrift wird als eine Analyseeinheit behandelt. Unter einem Artikel wird ein in sich abgeschlossener, auf ein bestimmtes Thema bezogener redaktioneller Teil verstanden, den eine Überschrift von den restlichen Teilen trennt. Als Artikel zählen alle Texte, denen eine ausformulierte Satzstruktur zugrunde liegt.

In der vorliegenden Analyse werden alle Artikel im redaktionellen Teil der ausgewählten Zeitungen oder Zeitschriften (SZ, F.A.Z., FR, „Die Welt", taz, „Die Woche", „Die Zeit", „Stern", „Der Spiegel", „Focus") untersucht, die Bezug nehmen auf das journalistische Lebenswerk eines der zehn ausgewählten Journalisten. Zum einen muß der Name des Journalisten in der Überschrift oder im Lead des Artikels genannt werden (⇒ Personenbezug), zum anderen müssen die ersten beiden Absätze auf die journalistische Arbeit Bezug nehmen (⇒Themenbezug). In erster Linie sind dies Artikel zu Geburts- und Todestagen der Journalisten, aber auch andere Anlässe wie Preisverleihungen oder Nachfolgefragen werden einbezogen, soweit sie die genannten Anforderungen erfüllen. Nicht in die Analyse einbezogen werden Artikel, die sich schwerpunktmäßig mit der Geschichte eines bestimmten Mediums oder dem Mediensystem allgemein beschäftigen, und die nur am Rande den Journalisten erwähnen. Nicht einbezogen werden außerdem Leserbriefe, Einträge in das Inhaltsverzeichnis der Zeitungen oder Zeitschriften und jegliche Form von Werbung. Meldungen mit weniger als zehn Zeilen werden inhaltlich nicht analysiert, weil es in der Analyse um die Gründe für den Erfolg des Journalisten geht, auf die in den stichprobenartig untersuchten Meldungen nur unzureichend Bezug genommen wird. Sie werden nur mit einbezogen, wenn es darum geht, etwas über den Umfang der Berichterstattung zu einem Journalisten auszusagen. Fotos werden unter einer eigenen Variable erfaßt, Bildtexte werden nicht gesondert betrachtet, weil festgestellt wurde, daß es sich bei den Bildtexten meist um Ausschnitte aus dem Haupttext handelt.

Die untersuchten Analyseeinheiten werden fortlaufend numeriert.

V2 Behandelter Journalist
Verschlüsselt wird die Kennziffer des jeweiligen Journalisten, über den und dessen Arbeit der Artikel geschrieben worden ist. Die Zuteilung von 1 bis 10 erfolgte nach alphabetischer Reihenfolge.

V3 Erscheinungsdatum
Codiert wird der Tag, das Monat und das Jahr jeweils zweistellig, beispielsweise 01.01.99. Bei Wochenendausgaben wird das Datum des Samstags, bei Feiertagen das erstgenannte Datum in der Kopfzeile der Zeitung codiert.

V4 Zeitungs- und Zeitschriftenkennziffern
Verschlüsselt wird die Kennziffer der jeweiligen Zeitung oder Zeitschrift, in der der zu codierende Artikel veröffentlicht worden ist.

V5 Anlaß der Berichterstattung
Codiert wird der Anlaß der Berichterstattung. Handelt es sich dabei nicht um einen Geburtstag, Todestag oder eine Preisverleihung bzw. werden die Wörter Geburtstag, Tod oder Preisverleihung nicht erwähnt, wird 4 für Sonstiges codiert.

V6 Zahl der Zeilen

Um ein einheitliches Maß zu finden, wird die Zeichenzahl für eine Zeile auf den Wert 37 festgelegt (entspricht der SZ) und entsprechend umgerechnet. Überschriften und Zwischentitel werden entsprechend mitgezählt.

V7 Zahl der Fotos

Angabe der Anzahl der Fotos, bei keinen Fotos wird 0 eingetragen. Nebeneinander gestellte Fotos werden gesondert gezählt. Der Bildtext wird nicht analysiert.

V8 Ressort/Rubrik

Hier wird codiert, unter welchen Ressort der Artikel erschienen ist, was an der Kopfzeile der Zeitung/Zeitschrift abzulesen ist: 1 für Politik, 2 für Feuilleton, 3 für Medienseite (unter Medienseite fallen alle Rubriken, die sich der Medienberichterstattung widmen, wie z.B. „Flimmern und Rauschen" in der taz) Handelt es sich um ein anderes Ressort, wird 4 für Sonstiges codiert.

V9 Klartexteingabe der Hauptüberschrift

V10 Darstellungsform

1 – Nachricht

Eine Nachricht gibt aktuelle Informationen über Sachverhalte, Ereignisse und Argumente. Die Nachricht ist knapp und prägnant formuliert. Sie informiert objektiv, sachlich und unpersönlich.[224]

---

[224] Vgl. Noelle-Neumann, Elisabeth / Schulz, Winfried / Wilke, Jürgen: Fischer Lexikon. Publizistik – Massenkommunikation. Neuausgabe, Frankfurt/Main 1994, S. 95

2 – Bericht:

Im Bericht werden Sachverhalte geschildert und die Hintergründe dazu geschildert. Berichte sollen sachlich, bündig, klar und objektiv sein. Berichte sind weitgehend standardisiert.[225] Im Gegensatz zur Nachricht werden die Ereignisse umfangreicher und detaillierter dargestellt. Kennzeichnend ist ein Lead zu Beginn des Textes, in dem die W-Fragen geklärt werden: Was, Wer, Wann, Wo, Warum, Wie?

3 – Portrait

Das Portrait konzentriert sich auf eine Person oder Persönlichkeit. Dem Leser soll eine beispielhafte Begegnung ermöglicht werden. Einstellungen der portraitierten Person zu anderen Menschen, zur Umwelt, zur Gesellschaft, zur Kultur etc. werden aufgezeigt. Der Nachruf als Spezialform des Portraits, soll ein ausgeglichenes Urteil über den Verstorbenen fällen.[226]

4 – Interview

Wie im Portrait werden im Interview Menschen in ihrem Tun und Denken dem Leser nahegebracht. Der Interviewer versucht durch seine Fragen, möglichst neue Sichtweisen hervorzulocken. Der Wortlaut des Gesprächs wird protokolliert. Die Frage-Antwort-Situation muß bei der Veröffentlichung für den Leser ersichtlich sein.

5 – Kommentar

Der Kommentar bewertet und interpretiert aktuelle Ereignisse und Meinungsäußerungen. Der Kommentar analysiert, erklärt, interpretiert und bewertet. Er muß als Kommentar gekennzeichnet sein. Im Gegensatz zur Glosse ist der Kommentar weniger eine subjektive, sondern eher ein sachbezogene Stilform.

---

[225] Vgl. Straßner, Erich: Journalistische Texte. Tübingen 2000, S. 26f
[226] Vgl. ebd., S. 81

6 – Sonstiges

Hier werden alle journalistischen Stilformen erfaßt, die keiner der oben genannten Darstellungsformen zugeordnet werden können.

V11 Informationsquelle

1 – eigener Bericht

Der Artikel ist durch den Namen oder das Kürzel eines Autors, der der jeweiligen Redaktion angehört, gekennzeichnet. Es handelt sich nicht um ein Interview, bzw. es wird nicht auf die Berichterstattung in anderen Medien (z.B. durch Kommentar) Bezug genommen.

2 – Interview in der eigenen Zeitung

Das Interview ist als solches (siehe oben) erkennbar. Es ist ersichtlich (durch Name oder Kürzel), wer das Interview geführt hat.

3 – Bezugnahme auf die Berichterstattung in anderen Medien

Die Berichterstattung ist die Reaktion auf die Berichterstattung in einem anderen Medium. In dem Artikel wird das andere Medium genannt und zu der dort geäußerten Meinung Stellung bezogen.

4 – Nachrichtenagentur

Der Artikel wurde von einer Nachrichtenagentur erstellt, was durch die Angabe des jeweiligen Kürzels am Anfang oder zu Ende des Artikels ersichtlich ist.

V12 Werden persönliche Eigenschaften für den Erfolg des Journalisten verantwortlich gemacht? ⇒ bzw. Welche persönlichen Eigenschaften werden für den Erfolg des Journalisten verantwortlich gemacht?

Diese Variable fragt, ob bzw. welche persönliche/n Eigenschaften des Journalisten genannt werden. Eigenschaften definieren sich als Merkmale oder Besonderheiten, die sich in diesem Fall auf die Person des Journalisten beziehen. Die Eigenschaften können sich auf die Arbeit, seine Einstellungen, sein körperliche Beschaffenheit u.s.w. beziehen.

Beispiele:

„Im Zyniker steckt auch, ganz tief, Engagement und Leidenschaft."

„Spartanisch im Wesen und dennoch lebensfroh."

„Sein Verstand war klar, originell, einfallsreich bis zum letzten Atemzug."

V13 Werden die Produkte des Journalisten bewertet? ⇒ bzw. Wie werden die Produkte des Journalisten bewertet?

Diese Variable fragt ob bzw. wie die Produkte des Journalisten bewertet werden. Dabei kann es sich um Einzelprodukte oder die journalistische Arbeit in ihrer Gesamtheit handeln. Dabei wird zum einen erfaßt, ob ein Werturteil, also z.B. „gut" oder schlecht", gefällt wird, zum anderen, ob Kriterien, also Wertmaßstäbe, genannt werden.

Beispiele:

„Seine Rußland – Reportagen zeichneten sich durch Tiefenschärfe aus."

„Er hat in seiner Berichterstattung stets die Alltagswirklichkeit im Auge gehabt."

„Gaus beherrscht die verlorene Kunst der zugespitzten Vermutung."

V14 Wird/Werden das Medium/die Medien, bei dem/denen der Journalist gearbeitet hat, thematisiert? ⇒ bzw. Wie wird/werden das Medium/die Medien, bei dem/denen der Journalist gearbeitet hat, gesehen?

Diese Variable fragt, ob bzw. wie das Medium oder die Medien, bei dem/denen der Journalist gearbeitet hat, in dem Artikel thematisiert wird/werden. Mit thematisiert ist gemeint, daß nicht nur der Name des Mediums genannt wird, sondern es auch bewertet wird, seine Bedeutung im Mediensystem erwähnt wird oder das Verhältnis zwischen dem Journalisten und diesem Medium zur Sprache kommt.

Beispiele:

„Nannen machte den Stern zur Wundertüte: bunt gemischt und oft sehr gut geschrieben."

„Die Gräfin wurde zur zentralen Gestalt der ZEIT, keiner hat das Blatt tiefer geprägt als sie."

„Augstein sah in seinem Spiegel ein `Sturmgeschütz der Demokratie´."

„Augstein ist der Spiegel und der Spiegel ist Augstein."

V15 Werden Zukunftsprognosen für dieses/diese Medium/Medien thematisiert? ⇒ bzw. Welche Zukunftsprognosen werden für dieses/diese Medium/Medien gegeben?

Diese Variable fragt, ob bzw. welche Zukunftsprognosen für das Medium gegeben wird, nach dem in V14 gefragt wird. Es ist also nicht nach Zukunftsprognosen für das gesamte Mediensystem gefragt, sondern für das jeweilige Einzelmedium.

Beispiele:

„Es ist unklar, wie der Spiegel aussehen wird."

„Der Zeit laufen die Leser davon und ein Ende ist nicht in Sicht."

„Nannen hat es nicht verstanden, sich einen Kronprinzen zu suchen, der sein Werk fortführt."

V16 Wird die Wirkung des Journalisten auf seine Mitarbeiter / seine Redaktion thematisiert? ⇒ bzw. Wie wird die Wirkung des Journalisten auf seine Mitarbeiter / seine Redaktion beschrieben?

In V14 wird das Medium, bei dem der Journalist gearbeitet hat als Ganzes gesehen. Diese Variable fragt, ob bzw. wie die Wirkung des Journalisten auf seine Mitarbeiter, also die Menschen, mit denen er gearbeitet hat, angesprochen wird. Dazu zählt auch der Begriff „Redaktion", die in diesem Zusammenhang für die Allgemeinheit der Mitarbeiter steht.

Beispiele:

„Er wußte seine Mitarbeiter zu motivieren und trieb sie zu Höchstleistungen."

„Er hat der Redaktion die negative Kritik als Sittengesetz vorgeschrieben."

V17 Wird eine Wirkung des Journalisten auf die Rezipienten thematisiert? ⇒ bzw. Wie wird die Wirkung des Journalisten auf die Rezipienten beschrieben?

Diese Variable fragt, ob bzw. wie die Wirkung des Journalisten auf die Leser oder Hörer angesprochen wird.

Beispiele:

„Seine Texte fesselten sein Publikum."

„Der Leser war sein Partner, er hat ihn immer ernst genommen."

„Ruge nimmt den Zuschauer an die Hand und läßt ihn Dinge sehen und miterleben."

V18 Wird die Wirkung des Journalisten auf den Journalismus der Nachkriegsjahrzehnte thematisiert? ⇒ bzw. Wie wird die Wirkung des Journalisten auf den Journalismus der Nachkriegsjahrzehnte beschrieben?

Diese Variable fragt, ob bzw. wie die Wirkung des Journalisten auf den Journalismus ein Thema ist. Dies sollte eine prägende, verändernde Wirkung sein: Etwas ist also durch diesen Journalisten anders geworden, als es vorher war.

Beispiel:

„Er führte das investigative Element in den Journalismus ein."

„Er erfand den klatschsüchtigen Soraya-Journalismus."

„Sie wurde zur Vorreiterin nachkommender Journalistinnengenerationen."

V19 Wird die Bedeutung des Journalisten im gesellschaftspolitischen Kontext angesprochen? ⇒ bzw. Welche Bedeutung wird dem Journalisten im gesellschaftspolitischen Kontext zugesprochen?

Diese Variable fragt, ob dem Journalisten eine Bedeutung bzw. welche Bedeutung dem Journalisten im gesellschaftspolitischen Kontext zugesprochen wird. Diese Variable ist bewußt weit gefaßt. Das können zum einen gesellschaftspolitische Vorgänge sein, die der Journalist aktiv mit seiner Arbeit ausgelöst hat, zum anderen Entwicklungen, auf die der Journalist reagiert hat. Mit gesellschaftspolitische Vorgänge sind alle Vorgänge und Entwicklungen gemeint, die Gesellschaft und Politik in den Nachkriegsjahrzehnten beschäftigten.

Beispiele:

„Er hat durch seine Artikel die Einstellung zur Abtreibung verändert."

„Gaus wurde zum wichtigsten journalistischen Befürworter der Brandtschen Ostpolitik."

„Augstein hat mit seinem Spiegel die Republik verändert."

V20 Wird das Selbstverständnis des Journalisten thematisiert? ⇒ bzw. Welches Selbstverständnis wird für den Journalisten angegeben?

Diese Variable fragt, ob ein bzw. welches Selbstverständnis für den Journalisten angegeben wird. Unter Selbstverständnis ist hier die Art und Weise gemeint, wie der Journalist seine Aufgabe definiert, sieht er sich beispielsweise als passiver Beobachter oder als Kritiker, der Mißstände aufdeckt.

Beispiele:

„Der Rolle des Voyeurs zog er die des Akteurs vor."

„Ein skeptischer Aufklärer, der zum Denken anstiften und zum Widerspruch reizen

wollte."

„Augstein wollte Aufklärer ohne Tabus sein."

V21 Werden Kindheit und Jugend des Journalisten angesprochen? bzw. ⇒ Welche Bedeutung wird der Kindheit und Jugend für die Karriere des Journalisten zugesprochen?

Diese Variable fragt, ob bzw. welche Angaben in dem Artikel zur Kindheit und Jugend des Journalisten gemacht werden. Mit Kindheit und Jugend ist hier die gesamte Zeit des Heranwachsens gemeint.

Beispiele:

„Die Erfahrungen aus dem Nationalsozialismus und des Zweiten Weltkriegs waren ihm ein Lehrstück allererster Güte."

„Sie wurde groß in zwei Diktaturen."

„Die jungen Jahre im Dritten Reich hatten Peter von Zahn gelehrt, aller Selbstgerechtigkeit zu mißtrauen."

V22 Wird die Ausbildung des Journalisten angesprochen? bzw. ⇒ Welche Bedeutung wird der Ausbildung des Journalisten zugeschrieben?

Diese Variable fragt, ob bzw. wie die Ausbildung des Journalisten in dem Artikel angesprochen wird. Dabei ist nicht zwingend, daß es sich um eine journalistische Ausbildung gehandelt.

Beispiele:

„In diesen Jahren war keine Zeit für akademische Vorbildung."

„Das journalistische Handwerk lernte er beim Hörfunk, der hat seine Handschrift geprägt."

„Eher zufällig geriet sie ins journalistische Metier, auf das sie sich nie vorbereitet hatte."

V23 Wird die Bedeutung des Geschlechts des Journalisten angesprochen? bzw. ⇒ Welche Bedeutung wird dem Geschlecht des Journalisten zugeschrieben?

Diese Variable fragt, ob bzw. inwieweit das Geschlecht des Journalisten ein Thema in dem Artikel ist. Dazu zählen auch allgemeine Äußerungen über die Geschlechterproblematik innerhalb des Berufes.

Beispiele:

„Emanzipiert setzte sie sich in einem Bereich durch, der zuvor als Domäne der Männer galt."

„Als Frau mußte sie härter arbeiten als ihre männlichen Kollegen."

„Sie macht sich keine Illusionen darüber, wie weit es mit der Gleichberechtigung in diesem Beruf bis heute gekommen ist."

V24 Werden Umstände angesprochen, die den Aufstieg des Journalisten begünstigt haben? ⇒ bzw. Welche Umstände haben laut Berichterstattung den Aufstieg des Journalisten begünstigt?

Diese Variable fragt, ob bzw. welche Umstände genannt werden, die den Aufstieg des Journalisten begünstigt haben, unabhängig von seiner Jugend, Ausbildung und Geschlecht, also den Faktoren, die bereits durch andere Variablen angesprochen wurden. Gemeint sind alle Umstände, die dem Journalisten von außen zu Hilfe kamen. Dies können gesellschaftliche Vorgänge sein, Vorgänge, die sich auf das Mediensystem beziehen oder auch Zufälle oder Glück.

Beispiele:

„1946 wurden die Gründer zufällig auf sich aufmerksam."

„Er wußte die unvergleichliche Chance der Stunde zu nutzen: das Glück des Anfangs."

„Das ZDF ist noch jung und sucht gute Leute, die dem Sender Format verleihen."

V25 Wird der heutige Journalismus bewertet? ⇒ bzw. Wie wird der heutige Journalismus bewertet?

Diese Variable fragt, ob bzw. wie der heutige Journalismus bewertet wird. Es muß eindeutig der Bezug zur heutigen, aktuellen Situation im Journalismus vorhanden sein.

Beispiele:

„Während seine Kollegen von heute aus der Zigarettenindustrie (...) kommen, ist er noch ein ideengesteuerter Gründer."

„Bis heute verkörpert die Gräfin einen hehren Anspruch inmitten eines immer beliebiger werdenden Journalismus."

„Heute sehnt man sich nach einer Zeit, in der hinter Magazinen noch Köpfe standen und nicht nur Erfüllungsgehilfen."

V26 Wird der Journalist als Vorbild gesehen? ⇒ bzw. Inwieweit wird der Journalist als Vorbild gesehen?

Diese Variable fragt, ob bzw. inwieweit der Journalist als Vorbild für andere Journalisten gesehen wird. Dabei wird zunächst auf das Schlüsselwort „Vorbild" direkt geachtet, bzw. auch identische Formulierungen berücksichtigt.

Beispiele:

„Nachwuchsjournalisten sollten möglichst nachhaltig bei ihm in die Schule gehen."

„Ruge ist ein echtes Vorbild."

„Wir bräuchten dringend einen wie ihn."

V27 Grundtenor der Berichterstattung

Hier wird codiert, ob der Grundtenor des Artikels negativ, neutral oder positiv ist. Zwar wird eine gewisse Subjektivität hier nicht auszuschließen sein, dennoch wird versucht, anhand von Schlüsselwörtern möglichst objektiv den Grundtenor des Artikels zu bestimmen. Negativ besetzte Schlüsselwörter sind z.B. rechthaberisch, rücksichtslos, hämisch, verkalkt. Positiv werden Ausdrücke wie imponierend, beeindruckend, bedeutend, faszinierend gewertet. Für negativ wird 0 codiert, für positiv 2. Kann keine Parteinahme ausgemacht werden, wird 1 für neutral codiert. In Zweifelsfällen wird 3 für nicht zu entscheiden codiert.

Vertrauen in die Utopie

Preußin, Publizistin, politische Denkerin:
"Zeit"-Herausgeberin Marion Gräfin Dönhoff wird 90

Von Ansgar Graw

Sie ist eine der imponierenden Erscheinungen der Bundesrepublik Deutschland.
Eine Erscheinung wie aus dem Musterbuch des preußischen Adels: Souverän, unprätentiös, von aristokratischer Strenge. Eine Erscheinung, wie sie zur Zeit ihrer Geburt noch undenkbar schien: Vollkommen emanzipiert und unverkrampft erfolgreich in einem Bereich, der zuvor als Domäne des Mannes galt. Eine Erscheinung wie aus der Asservatenkammer der ewigen Utopie: Politisch korrekt, Kapitalismuskritisch,
auf der Suche nach der besseren Welt.

Marion Gräfin Dönhoff, morgen vor 90 Jahren auf Schloß Friedrichstein nahe Königsberg geboren, wurde sozialisiert in einer Welt, im Ostpreußen der Wälder und Güter, die es heute nicht mehr gibt;
sie wurde politisch wach in der dunklen Zeit des Dritten Reiches, das sie als Regimegegnerin sah; und die Jahre danach, den Wiederaufbau und die Bundesrepublik prägte sie entscheidend mit. Wenige Ehrenpreise und Ehrentitel, die sie nicht bekommen hätte. Sie ist Ehren-Professorin, Ehren-Bürgerin in Hamburg und in Kaliningrad, dem einstigen Königsberg. Ehre wem Ehre gebührt: Die Gräfin, die 1946 zur Hamburger

Wochenzeitung "Die Zeit" stieß, nachdem deren Gründer eher
zufällig auf die bislang gänzlich unjournalistische Volkswirtin
aufmerksam geworden waren, gehört zu den Titanen im
deutschen Nachkriegsjournalismus: Wer, außer Rudolf Augstein
und Henri Nannen, dürfte in einem Atemzug mit ihr genannt
werden?

1950 übernahm die Gräfin das politische Ressort des
linksliberalen Blattes. 1954 verließ sie die "Zeit" im Zorn, weil der
ehemals NS-nahe Staatsrechtler Carl Schmitt dort hatte
schreiben dürfen. Ein Jahr später kehrte sie zurück. 1968
übernahm die Kritikerin des Vietnam-Krieges und Sympathisantin
der aufbegehrenden Jugend die Chefredaktion. Der Weg der
Dönhoff ist geradlinig und unverbogen – aber nicht frei von
Widersprüchen und Kursänderungen. 1950 etwa, als Ost-Berlin
die Oder-Neiße-Grenze anerkannte, schrieb die Politik-Chefin
voller Verachtung für die Unterzeichner jenes Görlitzer Vertrages:
"Die Geschichte wird eines Tages über sie und den Fetzen
Papier, den Ulbricht aus Warschau mitbrachte, hinweggehen, so
wie sie über Adolf Hitler und sein tausendjähriges Reich
hinweggegangen ist".

In den späteren 60er Jahren wurde sie schließlich eine
Vorkämpferin der Ostpolitik Willy Brandts und trat engagiert für
die Aussöhnung mit den polnischen und russischen Nachbarn
ein. Gleich, nachdem Kaliningrad wieder zugänglich war, sorgte
sie für die Rückkehr eines nachgefertigten Kant-Denkmals in die
seelenlose Stadt, die dadurch wieder ein wenig an den Geist

Königsbergs anzuknüpfen vermochte. Im Mai diesen Jahres löste sie, die in ihrem Buch "Namen, die keiner mehr nennt" (1962) die Gräuel von Nemmersdorf und der Vertreibung beschrieben hatte, Empörung in den Reihen ihrer vertriebenen Landsleute aus: In der "Zeit", deren Herausgeberin sie seit 1973 ist, hatte sie auf die Frage nach der Vergleichbarkeit aktueller Bilder vom Vertreibungselend im Kosovo mit dem Exodus der Ostdeutschen 1945 geantwortet: "Nein, das war ganz anders. Wir wurden aus politischen Gründen vertrieben, nicht aus ethnischen. Wir wurden nicht systematisch verfolgt und beschossen."

Marion Gräfin Dönhoff, die Wanderin zwischen Idealismus und Pragmatismus, kämpfte gegen Adenauer, weil sie seine Politik der Westbindung als Absage an die Wiedervereinigung ansah. Das hinderte sie nicht, sich später vom Ziel der staatlichen Einheit zu verabschieden. Im Januar 1989 ging sie mit Blick auf Bundesrepublik und DDR "von zwei deutschen Staaten und nicht von einem wiedervereinigten Deutschen Reich aus, das in Ost und West doch nur Schrecken erregt und auf härtesten Widerstand stieße".

Die Quoten-Gegnerin, die für die Gleichberechtigung der Geschlechter mehr geleistet hat als ihre Biografin, die Feministin Alice Schwarzer, hat schon als junge Frau die Welt gesehen, war in Afrika und Asien, im arabischen Raum und in Osteuropa. Statt auf Vorurteile setzte sie auf eigene Erfahrung und Anschauung. Die Vielgereiste lässt sich nie auf Ideologien ein, entkam dennoch nicht immer den Verlockungen des Zeitgeistes. Über die

68-er Revolte freute sie sich, bis der daraus entstehende Terror
sie schreckte. Wiederholt beklagte sie die gänzliche
Säkularisierung der Gesellschaft und das Schwinden eines
ethischen Minimalkonsenses, aber sie ließ es zu, das ihre "Zeit"
die Emanzipation von konventionellen Werten und Traditionen
propagierte.

Für die große alte Dame des deutschen Journalismus,
spartanisch im Wesen und dennoch lebensfroh, bedeutet die
Niederlage des Marxismus "nicht den Triumph des Kaptialismus",
wie sie im Wendejahr 1989 ihren Lesern, vielleicht noch stärker
sich selbst versicherte: "Gewiß, als wirtschaftliches System ist
der Sozialismus im Wettstreit mit der Marktwirtschaft
gescheitert. Aber als Utopie, als Summe uralter
Menschheitsideale: soziale Gerechtigkeit, Solidarität, Freiheit für
die Unterdrückten, Hilfe für die Schwachen, ist er unvergänglich."

Die Publizistin, die diese Bundesrepublik, zumindest aber
Generationen der Führungselite prägte und in vielen Ländern den
Ruf einer Art Sonderbotschafterin Deutschlands genießt, ist auch
selbst geprägt von dem, was nach 1945 an Sehnsucht nach
Harmonie, garantiertem Frieden und dem diesseitigem Paradies
in der Bundesrepublik in Reaktion auf die Schrecken der NS-Zeit
entstand und kultiviert wurde.

Marion Gräfin Dönhoff ist eine beeindruckende Persönlichkeit. Sie
ist ein Kind der Bundesrepublik.

Aus: „Die Welt" vom 01.12.1999

Ausschnitte aus den Tabellen, die die Grundlage für die qualitativen Ergebnisse der Analyse darstellen:

Augstein

Welches Selbstverständnis wird für den Journalisten angegeben?

Artikel-Nr.	Zitat/Paraphrase	Reduktion	Zusammenfassung
1	hat die Einflußmöglichkeiten der Presse voll ausgeschöpft	- Einflußnahme	- Streben nach Einflußnahme
1	scharfer Kritiker	- Kritiker	- Kritiker
2	wollte aufdecken und aufklären	- Aufklärer	- Aufklärer
2	„etwas für die Allgemeinheit Moralisches erreichen"	- „Anwalt"	- „Anwalt"
4	„Kämpfer für die Allgemeinheit"	- „Anwalt"	- Streben nach Kontrolle
4	Wollte vierte Gewalt sein	- Kontrolle	- Parteinahme
6	Aufklärung als journalistisches Prinzip eingeführt	- Aufklärer	
6	Aufklärer	- Aufklärer	
6	Will „Aufklärer ohne Tabus" sein	- Aufklärer	
8	schuf sich den Spiegel, um seine Meinungen zu verbreiten	- Parteinahme	
9	Nicht nur Kontrolle, sondern das Fürchten lehren, die für richtig gehaltene Politik durchsetzen, die für falsch gehaltene diskreditieren	- Kontrolle - Einflußnahme - Parteinahme	
10	„Anhänger der aufklärerisch-freiheitlichen Tradition"	- Aufklärer	
11	„wollte Dummheit entlarven"	- Aufklärer	
13	führte das investigative Element ein	- Aufklärer	
14	„ein radikaler Aufklärer seiner Zeit"	- Aufklärer	

Augstein

Welche Bedeutung wird dem Journalisten im gesellschaftspolitischen Kontext zugesprochen?

Artikel-Nr.	Zitat/Paraphrase	Reduktion	Zusammenfassung
1	Adenauers Politik der Westintegration wurde zum liebsten Angriffsobjekt	- Kampf gegen Adenauers Politik	- Kampf gegen Adenauer und Strauß ⇒ Überwindung der autoritären Staatsgesinnung - Unterstützung der Ostpolitik Willy Brandts - Prägte und veränderte die deutsche Gesellschaft - Beitrag zur politischen Öffentlichkeit / Kommunikationskultur - Beitrag zur Demokratisierung und „Vergangenheitsbewältigung"
2	wollte verhindern, daß Strauß Bundeskanzler wird	- Kampf gegen Strauß	
3	„Habe doch wesentlich mitgewirkt, der Demokratur der beiden Herren Strauß und Adenauer ein Ende zu machen."	- Kampf gegen Adenauer und Strauß	
3	Die Ostpolitik Brandts unterstützt	- Unterstützung für Brandts Ostpolitik	
4	prägte die deutsche Demokratie	- prägte die deutsche Demokratie	
5	„Spiegel"-Affäre mit ihm als Hauptperson als Zäsur der deutschen Demokratie	- prägte die deutsche Demokratie („Spiegel"-Affäre)	
5	hat die Geschichte der BRD mitgeschrieben	- Mitgestalter der deutschen Geschichte	
5	Hat viel beigetragen zur liberalen, politischen Öffentlichkeit	- Beitrag zur politischen Öffentlichkeit	
6	Mit sein Verdienst, daß die autoritäre Staatsgesinnung der 50er Jahre überwunden wurde	- Überwindung der autoritären Staatsgesinnung	

6	„Die Enttarnung des Typus Barschel hat die Republik ebenso verändert wie die Durchleuchtung der faulen Geschäfte einer bestimmten Sorte von Gewerkschaftsfunktionären."	- Veränderung der Republik durch das Aufdecken von Skandalen	
6	hat die Kommunikationskultur dieser Gesellschaft geprägt	- Kommunikationskultur geprägt	
8	Stilbildendes Element der deutschen Demokratie	- Demokratie geprägt	
9	Hat sich mit dem Spiegel in die Deutsche Geschichte geschrieben	- Mitgestalter deutscher Geschichte	
9	„Augstein hat sich um das Vaterland verdient gemacht"	- Verdienste um das Vaterland	
10	Hat ein Gespräch der Nachkriegs-BRD mit sich selbst ermöglicht und dem Land damit seine innere Freiheit wiedergegeben	- Beitrag zu Vergangenheitsbewältigung und Demokratisierung	
11	wollte seinen Teil dazu beitragen, die Demokratie zu festigen	- Beitrag zur Demokratisierung	
12	Bundesrepublik wäre ohne ihn nicht das, was sie heute ist	- prägte die BRD	
13	kritisierte die Westbindung	- Kampf gegen Adenauers Politik	
13	hat sich die Adenauer-Republik zum Feind gemacht	- Kampf gegen Adenauers Politik	

Dönhoff

Welche Bedeutung wird der Ausbildung des Journalisten zugesprochen?

Artikel-Nr.	Zitat/Paraphrase	Reduktion	Zusammenfassung
18	Wurden die Gründer auf die bislang gänzlich unjournalistische Volkswirtin aufmerksam	- Studium der Volkswirtschaft - keine journalistische Vorbildung	- keine journalistische Vorbildung - Studium der Volkswirtschaft, Promotion
17	Eher zufällig geriet sie damals ins journalistische Metier, auf das sie sich nie vorbereitet hatte	- keine journalistische Vorbildung	
25	Die promovierte Volkswirtin, die in Oxford und Basel studiert hatte	- Staatswissenschaftlerin, Studium	

Nannen

Wie wird die Wirkung des Journalisten auf seine Mitarbeiter / seine Redaktion beschrieben?

Artikel-Nr.	Zitat/Paraphrase	Reduktion	Zusammenfassung
55	Herrschte über den „Stern" wie ein Sonnenkönig	- Herrscher	- Nannen als Autorität (Herrscher, Tyrann, Dirigent, Ekel) ⇒ Spannungsverhältnis („Haßliebe") - Motivation - Begeisterung
55	Absolutistische Autorität	- Absolutistische Autorität	
56	Wie ein Barockfürst über die Redaktion geherrscht, in strenger Zucht gehalten	- Herrscher	
57	Wußte seine Mitarbeiter zu motivieren, trieb sie zu Höchstleistungen	- Motivation	
57	Er verlangte Qualität, im Journalismus und auch im Leben	- Motivation	
58	Sah sich als Lokomotive, der die Redaktion zieht	- Motivation	
58	Dirigierte seine Redaktion wie ein Zirkusdirektor	- Dirigent	

58	Weil er selber Feuer hatte, konnte er andere begeistern, entflammen	- Begeisterung, Motivation	
58	In der Redaktion ein Ekel, brüllte	- Ekel	
58	Trieb seine Redaktion zu Höchstleistungen an	- Motivation	
58	Seine Redaktion hat ihn gehaßt und geliebt	- Haßliebe	
60	rieben sich aneinander: Kündigungen wurden ausgesprochen und wieder zurückgezogen	- Spannungsverhältnis	
60	konnte seine Redaktion begeistern	- Begeisterung	
62	machte Höchstleistungen seiner Redaktion erst möglich	- Motivation	
64	„Fruchtbares Spannungsverhältnis"	- Spannungsverhältnis	
64	sah sich als Motor	- Motivation	
65	Wie ein Tyrann schwingt er die Peitsche über die Redaktion	- Tyrann	
66	Redaktion war für ihn Hofstaat und Gesamtkunstwerk, er ein nie versagender Motor	- Herrscher - Motivation	
67	Seine Redaktion war sein Orchester und er der Dirigent	- Dirigent	
67	Sie fürchteten und liebten ihn	- Haßliebe	
68	forderte viel von seiner Redaktion	- Motivation	
70	duldete keinen Widerspruch	- Autorität	

Im Folgenden werden die Ergebnisse der quantitativen Analyse in Form von SPSS-Kreuztabellen aufgeführt. Die Aufstellung der verarbeiteten Fälle ist bei allen Tabellen identisch und wird deshalb nur bei der ersten Tabelle mit angegeben.

Verarbeitete Fälle

	Fälle					
	Gültig		Fehlend		Gesamt	
	N	Prozent	N	Prozent	N	Prozent
Name des Journalisten * Titel der Zeitung/Zeitschrift	98	100,0%	0	,0%	98	100,0%

Name des Journalisten * Titel der Zeitung/Zeitschrift Kreuztabelle

		Titel der Zeitung/Zeitschrift									Gesamt
		SZ	F.A.Z.	FR	Welt	taz	Woche	Zeit	Stern	Spiegel	Focus	
Name des Journalisten	Augstein	Anzahl	2	1	1	1	3	2	1	1	2	1	15
		% der Gesamtzahl	2,0%	1,0%	1,0%	1,0%	3,1%	2,0%	1,0%	1,0%	2,0%	1,0%	15,3%
	Dönhoff	Anzahl	1	1	2	3	1		1	1			10
		% der Gesamtzahl	1,0%	1,0%	2,0%	3,1%	1,0%		1,0%	1,0%			10,2%
	Gaus	Anzahl	1	1	1	1	1						5
		% der Gesamtzahl	1,0%	1,0%	1,0%	1,0%	1,0%						5,1%
	Haffner	Anzahl	2	2	2	2	1		2	1	1		13
		% der Gesamtzahl	2,0%	2,0%	2,0%	2,0%	1,0%		2,0%	1,0%	1,0%		13,3%
	Jacobi	Anzahl		1		3	2						5
		% der Gesamtzahl		1,0%		3,1%	2,0%						5,1%
	Kuby	Anzahl	2		1		1				1	1	5
		% der Gesamtzahl	2,0%		1,0%		1,0%				1,0%	1,0%	5,1%
	Nannen	Anzahl	1	2	1	2	1	2	1	6	1	1	18
		% der Gesamtzahl	1,0%	2,0%	1,0%	2,0%	1,0%	2,0%	1,0%	6,1%	1,0%	1,0%	18,4%
	Ruge	Anzahl	4	2	1	1	1	1			2	1	13
		% der Gesamtzahl	4,1%	2,0%	1,0%	1,0%	1,0%	1,0%			2,0%	1,0%	13,3%
	Stern	Anzahl	1	2	1	1	2	1					8
		% der Gesamtzahl	1,0%	2,0%	1,0%	1,0%	2,0%	1,0%					8,2%
	Zahn	Anzahl	1	1		2			2				6
		% der Gesamtzahl	1,0%	1,0%		2,0%			2,0%				6,1%
Gesamt		Anzahl	15	13	10	16	12	6	7	9	6	4	98
		% der Gesamtzahl	15,3%	13,3%	10,2%	16,3%	12,2%	6,1%	7,1%	9,2%	6,1%	4,1%	100,0%

Name des Journalisten * Anlaß der Berichterstattung Kreuztabelle

		Anlaß der Berichterstattung				Gesamt
		Geburtstag	Todestag	Preisverleihung	Sonstiges	
Name des Journalisten	Augstein Anzahl	9		4	2	15
	% der Gesamtzahl	9,2%		4,1%	2,0%	15,3%
	Dönhoff Anzahl	8		2		10
	% der Gesamtzahl	8,2%		2,0%		10,2%
	Gaus Anzahl	3			2	5
	% der Gesamtzahl	3,1%			2,0%	5,1%
	Haffner Anzahl	6	7			13
	% der Gesamtzahl	6,1%	7,1%			13,3%
	Jacobi Anzahl	3			2	5
	% der Gesamtzahl	3,1%			2,0%	5,1%
	Kuby Anzahl	5				5
	% der Gesamtzahl	5,1%				5,1%
	Nannen Anzahl	6	11		1	18
	% der Gesamtzahl	6,1%	11,2%		1,0%	18,4%
	Ruge Anzahl	5		1	7	13
	% der Gesamtzahl	5,1%		1,0%	7,1%	13,3%
	Stern Anzahl	6		1	1	8
	% der Gesamtzahl	6,1%		1,0%	1,0%	8,2%
	Zahn Anzahl	4		1	1	6
	% der Gesamtzahl	4,1%		1,0%	1,0%	6,1%
Gesamt	Anzahl	55	18	9	16	98
	% der Gesamtzahl	56,1%	18,4%	9,2%	16,3%	100,0%

Bericht

Anzahl der Zeilen

Name des Journalisten	Mittelwert	N	Maximum	Minimum
Augstein	227,53	15	465	45
Dönhoff	152,70	10	288	88
Gaus	90,60	5	159	65
Haffner	143,38	13	263	51
Jacobi	110,00	5	143	73
Kuby	80,00	5	102	53
Nannen	227,67	18	650	37
Ruge	112,23	13	323	32
Stern	72,00	8	140	35
Zahn	113,67	6	200	75
Insgesamt	153,29	98	650	32

Bericht

Anzahl der Fotos

Name des Journalisten	Mittelwert	N	Maximum	Minimum
Augstein	1,53	15	6	0
Dönhoff	1,10	10	5	0
Gaus	,40	5	1	0
Haffner	,85	13	1	0
Jacobi	,80	5	2	0
Kuby	,40	5	1	0
Nannen	2,22	18	6	0
Ruge	,92	13	2	0
Stern	,50	8	1	0
Zahn	1,00	6	1	1
Insgesamt	1,17	98	6	0

Name des Journalisten * Darstellungsform Kreuztabelle

Name des Journalisten		Darstellungsform					Gesamt
		Nachricht	Bericht	Portrait	Interview	Kommentar	
Augstein	Anzahl		3	7	3	2	15
	% der Gesamtzahl		3,1%	7,1%	3,1%	2,0%	15,3%
Dönhoff	Anzahl		3	6		1	10
	% der Gesamtzahl		3,1%	6,1%		1,0%	10,2%
Gaus	Anzahl		3	2			5
	% der Gesamtzahl		3,1%	2,0%			5,1%
Haffner	Anzahl		2	11			13
	% der Gesamtzahl		2,0%	11,2%			13,3%
Jacobi	Anzahl		2	3			5
	% der Gesamtzahl		2,0%	3,1%			5,1%
Kuby	Anzahl		3	2			5
	% der Gesamtzahl		3,1%	2,0%			5,1%
Nannen	Anzahl	1	3	13	1		18
	% der Gesamtzahl	1,0%	3,1%	13,3%	1,0%		18,4%
Ruge	Anzahl	3	3	2	5		13
	% der Gesamtzahl	3,1%	3,1%	2,0%	5,1%		13,3%
Stern	Anzahl		6	2			8
	% der Gesamtzahl		6,1%	2,0%			8,2%
Zahn	Anzahl		3	3			6
	% der Gesamtzahl		3,1%	3,1%			6,1%
Gesamt	Anzahl	4	31	51	9	3	98
	% der Gesamtzahl	4,1%	31,6%	52,0%	9,2%	3,1%	100,0%

Name des Journalisten * Informationsquelle Kreuztabelle

			Informationsquelle			Gesamt
			eigener Bericht	Interview	Bezug auf Berichterstattung in anderem Medium	
Name des Journalisten	Augstein	Anzahl	9	3	3	15
		% der Gesamtzahl	9,2%	3,1%	3,1%	15,3%
	Dönhoff	Anzahl	9		1	10
		% der Gesamtzahl	9,2%		1,0%	10,2%
	Gaus	Anzahl	5			5
		% der Gesamtzahl	5,1%			5,1%
	Haffner	Anzahl	13			13
		% der Gesamtzahl	13,3%			13,3%
	Jacobi	Anzahl	5			5
		% der Gesamtzahl	5,1%			5,1%
	Kuby	Anzahl	5			5
		% der Gesamtzahl	5,1%			5,1%
	Nannen	Anzahl	16	1	1	18
		% der Gesamtzahl	16,3%	1,0%	1,0%	18,4%
	Ruge	Anzahl	8	5		13
		% der Gesamtzahl	8,2%	5,1%		13,3%
	Stern	Anzahl	8			8
		% der Gesamtzahl	8,2%			8,2%
	Zahn	Anzahl	6			6
		% der Gesamtzahl	6,1%			6,1%
Gesamt		Anzahl	84	9	5	98
		% der Gesamtzahl	85,7%	9,2%	5,1%	100,0%

Name des Journalisten * Bewertung der Produkte Kreuztabelle

			Bewertung der Produkte		Gesamt
			nein	ja	
Name des Journalisten	Augstein	Anzahl	14	1	15
		% der Gesamtzahl	14,3%	1,0%	15,3%
	Dönhoff	Anzahl	5	5	10
		% der Gesamtzahl	5,1%	5,1%	10,2%
	Gaus	Anzahl		5	5
		% der Gesamtzahl		5,1%	5,1%
	Haffner	Anzahl	1	12	13
		% der Gesamtzahl	1,0%	12,2%	13,3%
	Jacobi	Anzahl	2	3	5
		% der Gesamtzahl	2,0%	3,1%	5,1%
	Kuby	Anzahl	4	1	5
		% der Gesamtzahl	4,1%	1,0%	5,1%
	Nannen	Anzahl	14	4	18
		% der Gesamtzahl	14,3%	4,1%	18,4%
	Ruge	Anzahl	5	8	13
		% der Gesamtzahl	5,1%	8,2%	13,3%
	Stern	Anzahl	8		8
		% der Gesamtzahl	8,2%		8,2%
	Zahn	Anzahl	4	2	6
		% der Gesamtzahl	4,1%	2,0%	6,1%
Gesamt		Anzahl	57	41	98
		% der Gesamtzahl	58,2%	41,8%	100,0%

Name des Journalisten * Thematisierung des Selbstverständnisses des Journalisten Kreuztabelle

			Thematisierung des Selbstverständnisses des Journalisten		Gesamt
			nein	ja	
Name des Journalisten	Augstein	Anzahl	5	10	15
		% der Gesamtzahl	5,1%	10,2%	15,3%
	Dönhoff	Anzahl	4	6	10
		% der Gesamtzahl	4,1%	6,1%	10,2%
	Gaus	Anzahl	3	2	5
		% der Gesamtzahl	3,1%	2,0%	5,1%
	Haffner	Anzahl	6	7	13
		% der Gesamtzahl	6,1%	7,1%	13,3%
	Jacobi	Anzahl	3	2	5
		% der Gesamtzahl	3,1%	2,0%	5,1%
	Kuby	Anzahl	5		5
		% der Gesamtzahl	5,1%		5,1%
	Nannen	Anzahl	8	10	18
		% der Gesamtzahl	8,2%	10,2%	18,4%
	Ruge	Anzahl	5	8	13
		% der Gesamtzahl	5,1%	8,2%	13,3%
	Stern	Anzahl	2	6	8
		% der Gesamtzahl	2,0%	6,1%	8,2%
	Zahn	Anzahl	5	1	6
		% der Gesamtzahl	5,1%	1,0%	6,1%
Gesamt		Anzahl	46	52	98
		% der Gesamtzahl	46,9%	53,1%	100,0%

Name des Journalisten * Ressort/Rubrik Kreuztabelle

			Ressort/Rubrik				Gesamt
			Politik	Feuilleton	Medienseite	Sonstiges	
Name des Journalisten	Augstein	Anzahl	6	3	3	3	15
		% der Gesamtzahl	6,1%	3,1%	3,1%	3,1%	15,3%
	Dönhoff	Anzahl	3	3	3	1	10
		% der Gesamtzahl	3,1%	3,1%	3,1%	1,0%	10,2%
	Gaus	Anzahl	2	1	2		5
		% der Gesamtzahl	2,0%	1,0%	2,0%		5,1%
	Haffner	Anzahl	5	7		1	13
		% der Gesamtzahl	5,1%	7,1%		1,0%	13,3%
	Jacobi	Anzahl	3	1		1	5
		% der Gesamtzahl	3,1%	1,0%		1,0%	5,1%
	Kuby	Anzahl	1	1	3		5
		% der Gesamtzahl	1,0%	1,0%	3,1%		5,1%
	Nannen	Anzahl	9	4	5		18
		% der Gesamtzahl	9,2%	4,1%	5,1%		18,4%
	Ruge	Anzahl	1		11	1	13
		% der Gesamtzahl	1,0%		11,2%	1,0%	13,3%
	Stern	Anzahl	2	2	4		8
		% der Gesamtzahl	2,0%	2,0%	4,1%		8,2%
	Zahn	Anzahl	2	2	1	1	6
		% der Gesamtzahl	2,0%	2,0%	1,0%	1,0%	6,1%
Gesamt		Anzahl	34	24	32	8	98
		% der Gesamtzahl	34,7%	24,5%	32,7%	8,2%	100,0%

Name des Journalisten * Persönliche Eigenschaften Kreuztabelle

			Persönliche Eigenschaften		Gesamt
			nein	ja	
Name des Journalisten	Augstein	Anzahl	7	8	15
		% der Gesamtzahl	7,1%	8,2%	15,3%
	Dönhoff	Anzahl	5	5	10
		% der Gesamtzahl	5,1%	5,1%	10,2%
	Gaus	Anzahl	5		5
		% der Gesamtzahl	5,1%		5,1%
	Haffner	Anzahl	7	6	13
		% der Gesamtzahl	7,1%	6,1%	13,3%
	Jacobi	Anzahl	4	1	5
		% der Gesamtzahl	4,1%	1,0%	5,1%
	Kuby	Anzahl	4	1	5
		% der Gesamtzahl	4,1%	1,0%	5,1%
	Nannen	Anzahl	6	12	18
		% der Gesamtzahl	6,1%	12,2%	18,4%
	Ruge	Anzahl	11	2	13
		% der Gesamtzahl	11,2%	2,0%	13,3%
	Stern	Anzahl	7	1	8
		% der Gesamtzahl	7,1%	1,0%	8,2%
	Zahn	Anzahl	4	2	6
		% der Gesamtzahl	4,1%	2,0%	6,1%
Gesamt		Anzahl	60	38	98
		% der Gesamtzahl	61,2%	38,8%	100,0%

Name des Journalisten * Thematisierung der Medien, bei denen die Journalisten gearbeitet haben Kreuztabelle

			Thematisierung der Medien, bei denen die Journalisten gearbeitet haben		Gesamt
			nein	ja	
Name des Journalisten	Augstein	Anzahl	3	12	15
		% der Gesamtzahl	3,1%	12,2%	15,3%
	Dönhoff	Anzahl	8	2	10
		% der Gesamtzahl	8,2%	2,0%	10,2%
	Gaus	Anzahl	5		5
		% der Gesamtzahl	5,1%		5,1%
	Haffner	Anzahl	13		13
		% der Gesamtzahl	13,3%		13,3%
	Jacobi	Anzahl	3	2	5
		% der Gesamtzahl	3,1%	2,0%	5,1%
	Kuby	Anzahl	3	2	5
		% der Gesamtzahl	3,1%	2,0%	5,1%
	Nannen	Anzahl	2	16	18
		% der Gesamtzahl	2,0%	16,3%	18,4%
	Ruge	Anzahl	10	3	13
		% der Gesamtzahl	10,2%	3,1%	13,3%
	Stern	Anzahl	8		8
		% der Gesamtzahl	8,2%		8,2%
	Zahn	Anzahl	6		6
		% der Gesamtzahl	6,1%		6,1%
Gesamt		Anzahl	61	37	98
		% der Gesamtzahl	62,2%	37,8%	100,0%

Name des Journalisten * Zukunftsprognosen für diese Medien Kreuztabelle

			Zukunftsprognosen für diese Medien		Gesamt
			nein	ja	
Name des Journalisten	Augstein	Anzahl	7	8	15
		% der Gesamtzahl	7,1%	8,2%	15,3%
	Dönhoff	Anzahl	7	3	10
		% der Gesamtzahl	7,1%	3,1%	10,2%
	Gaus	Anzahl	5		5
		% der Gesamtzahl	5,1%		5,1%
	Haffner	Anzahl	13		13
		% der Gesamtzahl	13,3%		13,3%
	Jacobi	Anzahl	5		5
		% der Gesamtzahl	5,1%		5,1%
	Kuby	Anzahl	5		5
		% der Gesamtzahl	5,1%		5,1%
	Nannen	Anzahl	13	5	18
		% der Gesamtzahl	13,3%	5,1%	18,4%
	Ruge	Anzahl	12	1	13
		% der Gesamtzahl	12,2%	1,0%	13,3%
	Stern	Anzahl	8		8
		% der Gesamtzahl	8,2%		8,2%
	Zahn	Anzahl	6		6
		% der Gesamtzahl	6,1%		6,1%
Gesamt		Anzahl	81	17	98
		% der Gesamtzahl	82,7%	17,3%	100,0%

Name des Journalisten * Wirkung auf die Redaktion Kreuztabelle

			Wirkung auf die Redaktion		Gesamt
			nein	ja	
Name des Journalisten	Augstein	Anzahl	9	6	15
		% der Gesamtzahl	9,2%	6,1%	15,3%
	Dönhoff	Anzahl	10		10
		% der Gesamtzahl	10,2%		10,2%
	Gaus	Anzahl	5		5
		% der Gesamtzahl	5,1%		5,1%
	Haffner	Anzahl	13		13
		% der Gesamtzahl	13,3%		13,3%
	Jacobi	Anzahl	3	2	5
		% der Gesamtzahl	3,1%	2,0%	5,1%
	Kuby	Anzahl	5		5
		% der Gesamtzahl	5,1%		5,1%
	Nannen	Anzahl	5	13	18
		% der Gesamtzahl	5,1%	13,3%	18,4%
	Ruge	Anzahl	13		13
		% der Gesamtzahl	13,3%		13,3%
	Stern	Anzahl	8		8
		% der Gesamtzahl	8,2%		8,2%
	Zahn	Anzahl	6		6
		% der Gesamtzahl	6,1%		6,1%
Gesamt		Anzahl	77	21	98
		% der Gesamtzahl	78,6%	21,4%	100,0%

Name des Journalisten * Wirkung auf das Publikum Kreuztabelle

			Wirkung auf das Publikum		Gesamt
			nein	ja	
Name des Journalisten	Augstein	Anzahl	14	1	15
		% der Gesamtzahl	14,3%	1,0%	15,3%
	Dönhoff	Anzahl	8	2	10
		% der Gesamtzahl	8,2%	2,0%	10,2%
	Gaus	Anzahl	4	1	5
		% der Gesamtzahl	4,1%	1,0%	5,1%
	Haffner	Anzahl	4	9	13
		% der Gesamtzahl	4,1%	9,2%	13,3%
	Jacobi	Anzahl	2	3	5
		% der Gesamtzahl	2,0%	3,1%	5,1%
	Kuby	Anzahl	5		5
		% der Gesamtzahl	5,1%		5,1%
	Nannen	Anzahl	9	9	18
		% der Gesamtzahl	9,2%	9,2%	18,4%
	Ruge	Anzahl	10	3	13
		% der Gesamtzahl	10,2%	3,1%	13,3%
	Stern	Anzahl	8		8
		% der Gesamtzahl	8,2%		8,2%
	Zahn	Anzahl	5	1	6
		% der Gesamtzahl	5,1%	1,0%	6,1%
Gesamt		Anzahl	69	29	98
		% der Gesamtzahl	70,4%	29,6%	100,0%

Name des Journalisten * Einfluß von Kindheit und Jugend Kreuztabelle

			Einfluß von Kindheit und Jugend		Gesamt
			nein	ja	
Name des Journalisten	Augstein	Anzahl	14	1	15
		% der Gesamtzahl	14,3%	1,0%	15,3%
	Dönhoff	Anzahl	9	1	10
		% der Gesamtzahl	9,2%	1,0%	10,2%
	Gaus	Anzahl	5		5
		% der Gesamtzahl	5,1%		5,1%
	Haffner	Anzahl	10	3	13
		% der Gesamtzahl	10,2%	3,1%	13,3%
	Jacobi	Anzahl	4	1	5
		% der Gesamtzahl	4,1%	1,0%	5,1%
	Kuby	Anzahl	4	1	5
		% der Gesamtzahl	4,1%	1,0%	5,1%
	Nannen	Anzahl	16	2	18
		% der Gesamtzahl	16,3%	2,0%	18,4%
	Ruge	Anzahl	12	1	13
		% der Gesamtzahl	12,2%	1,0%	13,3%
	Stern	Anzahl	4	4	8
		% der Gesamtzahl	4,1%	4,1%	8,2%
	Zahn	Anzahl	5	1	6
		% der Gesamtzahl	5,1%	1,0%	6,1%
Gesamt		Anzahl	83	15	98
		% der Gesamtzahl	84,7%	15,3%	100,0%

Name des Journalisten * Thematisierung der Ausbildung Kreuztabelle

			Thematisierung der Ausbildung		Gesamt
			nein	ja	
Name des Journalisten	Augstein	Anzahl	14	1	15
		% der Gesamtzahl	14,3%	1,0%	15,3%
	Dönhoff	Anzahl	7	3	10
		% der Gesamtzahl	7,1%	3,1%	10,2%
	Gaus	Anzahl	5		5
		% der Gesamtzahl	5,1%		5,1%
	Haffner	Anzahl	6	7	13
		% der Gesamtzahl	6,1%	7,1%	13,3%
	Jacobi	Anzahl	5		5
		% der Gesamtzahl	5,1%		5,1%
	Kuby	Anzahl	4	1	5
		% der Gesamtzahl	4,1%	1,0%	5,1%
	Nannen	Anzahl	14	4	18
		% der Gesamtzahl	14,3%	4,1%	18,4%
	Ruge	Anzahl	6	7	13
		% der Gesamtzahl	6,1%	7,1%	13,3%
	Stern	Anzahl	7	1	8
		% der Gesamtzahl	7,1%	1,0%	8,2%
	Zahn	Anzahl	5	1	6
		% der Gesamtzahl	5,1%	1,0%	6,1%
Gesamt		Anzahl	73	25	98
		% der Gesamtzahl	74,5%	25,5%	100,0%

Name des Journalisten * Bedeutung des Geschlechts Kreuztabelle

			Bedeutung des Geschlechts		Gesamt
			nein	ja	
Name des Journalisten	Augstein	Anzahl	15		15
		% der Gesamtzahl	15,3%		15,3%
	Dönhoff	Anzahl	7	3	10
		% der Gesamtzahl	7,1%	3,1%	10,2%
	Gaus	Anzahl	5		5
		% der Gesamtzahl	5,1%		5,1%
	Haffner	Anzahl	13		13
		% der Gesamtzahl	13,3%		13,3%
	Jacobi	Anzahl	5		5
		% der Gesamtzahl	5,1%		5,1%
	Kuby	Anzahl	5		5
		% der Gesamtzahl	5,1%		5,1%
	Nannen	Anzahl	18		18
		% der Gesamtzahl	18,4%		18,4%
	Ruge	Anzahl	13		13
		% der Gesamtzahl	13,3%		13,3%
	Stern	Anzahl	6	2	8
		% der Gesamtzahl	6,1%	2,0%	8,2%
	Zahn	Anzahl	6		6
		% der Gesamtzahl	6,1%		6,1%
Gesamt		Anzahl	93	5	98
		% der Gesamtzahl	94,9%	5,1%	100,0%

Name des Journalisten * Umstände, die den Aufstieg begünstigten Kreuztabelle

			Umstände, die den Aufstieg begünstigten		Gesamt
			nein	ja	
Name des Journalisten	Augstein	Anzahl	10	5	15
		% der Gesamtzahl	10,2%	5,1%	15,3%
	Dönhoff	Anzahl	2	8	10
		% der Gesamtzahl	2,0%	8,2%	10,2%
	Gaus	Anzahl	2	3	5
		% der Gesamtzahl	2,0%	3,1%	5,1%
	Haffner	Anzahl	2	11	13
		% der Gesamtzahl	2,0%	11,2%	13,3%
	Jacobi	Anzahl	3	2	5
		% der Gesamtzahl	3,1%	2,0%	5,1%
	Kuby	Anzahl	2	3	5
		% der Gesamtzahl	2,0%	3,1%	5,1%
	Nannen	Anzahl	6	12	18
		% der Gesamtzahl	6,1%	12,2%	18,4%
	Ruge	Anzahl	4	9	13
		% der Gesamtzahl	4,1%	9,2%	13,3%
	Stern	Anzahl	7	1	8
		% der Gesamtzahl	7,1%	1,0%	8,2%
	Zahn	Anzahl	2	4	6
		% der Gesamtzahl	2,0%	4,1%	6,1%
Gesamt		Anzahl	40	58	98
		% der Gesamtzahl	40,8%	59,2%	100,0%

Name des Journalisten * Vorbildfunktion des Journalisten Kreuztabelle

			Vorbildfunktion des Journalisten		Gesamt
			nein	ja	
Name des Journalisten	Augstein	Anzahl	13	2	15
		% der Gesamtzahl	13,3%	2,0%	15,3%
	Dönhoff	Anzahl	7	3	10
		% der Gesamtzahl	7,1%	3,1%	10,2%
	Gaus	Anzahl	5		5
		% der Gesamtzahl	5,1%		5,1%
	Haffner	Anzahl	11	2	13
		% der Gesamtzahl	11,2%	2,0%	13,3%
	Jacobi	Anzahl	4	1	5
		% der Gesamtzahl	4,1%	1,0%	5,1%
	Kuby	Anzahl	5		5
		% der Gesamtzahl	5,1%		5,1%
	Nannen	Anzahl	18		18
		% der Gesamtzahl	18,4%		18,4%
	Ruge	Anzahl	10	3	13
		% der Gesamtzahl	10,2%	3,1%	13,3%
	Stern	Anzahl	7	1	8
		% der Gesamtzahl	7,1%	1,0%	8,2%
	Zahn	Anzahl	5	1	6
		% der Gesamtzahl	5,1%	1,0%	6,1%
Gesamt		Anzahl	85	13	98
		% der Gesamtzahl	86,7%	13,3%	100,0%

Name des Journalisten * Wirkung auf den Journalismus Kreuztabelle

			Wirkung auf den Journalismus		Gesamt
			nein	ja	
Name des Journalisten	Augstein	Anzahl	8	7	15
		% der Gesamtzahl	8,2%	7,1%	15,3%
	Dönhoff	Anzahl	6	4	10
		% der Gesamtzahl	6,1%	4,1%	10,2%
	Gaus	Anzahl	5		5
		% der Gesamtzahl	5,1%		5,1%
	Haffner	Anzahl	13		13
		% der Gesamtzahl	13,3%		13,3%
	Jacobi	Anzahl	2	3	5
		% der Gesamtzahl	2,0%	3,1%	5,1%
	Kuby	Anzahl	3	2	5
		% der Gesamtzahl	3,1%	2,0%	5,1%
	Nannen	Anzahl	11	7	18
		% der Gesamtzahl	11,2%	7,1%	18,4%
	Ruge	Anzahl	12	1	13
		% der Gesamtzahl	12,2%	1,0%	13,3%
	Stern	Anzahl	7	1	8
		% der Gesamtzahl	7,1%	1,0%	8,2%
	Zahn	Anzahl	1	5	6
		% der Gesamtzahl	1,0%	5,1%	6,1%
Gesamt		Anzahl	68	30	98
		% der Gesamtzahl	69,4%	30,6%	100,0%

Name des Journalisten * Bewertung des heutigen Journalismus Kreuztabelle

			Bewertung des heutigen Journalismus		Gesamt
			nein	ja	
Name des Journalisten	Augstein	Anzahl	8	7	15
		% der Gesamtzahl	8,2%	7,1%	15,3%
	Dönhoff	Anzahl	7	3	10
		% der Gesamtzahl	7,1%	3,1%	10,2%
	Gaus	Anzahl	4	1	5
		% der Gesamtzahl	4,1%	1,0%	5,1%
	Haffner	Anzahl	13		13
		% der Gesamtzahl	13,3%		13,3%
	Jacobi	Anzahl	5		5
		% der Gesamtzahl	5,1%		5,1%
	Kuby	Anzahl	3	2	5
		% der Gesamtzahl	3,1%	2,0%	5,1%
	Nannen	Anzahl	15	3	18
		% der Gesamtzahl	15,3%	3,1%	18,4%
	Ruge	Anzahl	11	2	13
		% der Gesamtzahl	11,2%	2,0%	13,3%
	Stern	Anzahl	8		8
		% der Gesamtzahl	8,2%		8,2%
	Zahn	Anzahl	5	1	6
		% der Gesamtzahl	5,1%	1,0%	6,1%
Gesamt		Anzahl	79	19	98
		% der Gesamtzahl	80,6%	19,4%	100,0%

Name des Journalisten * Grundtenor des Artikels Kreuztabelle

			Grundtenor des Artikels				Gesamt
			negativ	neutral	positiv	nicht zu entscheiden	
Name des Journalisten	Augstein	Anzahl	4	5	3	3	15
		% der Gesamtzahl	4,1%	5,1%	3,1%	3,1%	15,3%
	Dönhoff	Anzahl	1	2	7		10
		% der Gesamtzahl	1,0%	2,0%	7,1%		10,2%
	Gaus	Anzahl		3	2		5
		% der Gesamtzahl		3,1%	2,0%		5,1%
	Haffner	Anzahl			12	1	13
		% der Gesamtzahl			12,2%	1,0%	13,3%
	Jacobi	Anzahl	1	1	3		5
		% der Gesamtzahl	1,0%	1,0%	3,1%		5,1%
	Kuby	Anzahl		3	2		5
		% der Gesamtzahl		3,1%	2,0%		5,1%
	Nannen	Anzahl		6	12		18
		% der Gesamtzahl		6,1%	12,2%		18,4%
	Ruge	Anzahl		5	8		13
		% der Gesamtzahl		5,1%	8,2%		13,3%
	Stern	Anzahl		3	5		8
		% der Gesamtzahl		3,1%	5,1%		8,2%
	Zahn	Anzahl			6		6
		% der Gesamtzahl			6,1%		6,1%
Gesamt		Anzahl	6	28	60	4	98
		% der Gesamtzahl	6,1%	28,6%	61,2%	4,1%	100,0%

www.ingramcontent.com/pod-product-compliance
Lightning Source LLC
Chambersburg PA
CBHW020123010526
44115CB00008B/942